図解で学ぶ
建築大工の技能

2級
技能検定
実技試験を
完全解説！

建築大工
技能教育研究所
［編］

Ohmsha

はじめに

　近年、木造建築物の新築工事では、工場でプレカットした木材を使用することが増えたために、大工の作業は加工済み部材の組立および取付けが主となり、従来の作業であった部材の墨付けや加工は少なくなってきています。しかし、木造建築物の増改築やリフォームなどでは、造作や仕上げを大工が担うことになるため、既存建築物の構造を把握したうえで、現寸図の作成・木ごしらえ・墨付け・加工・組立などを行う、**本来の大工の技能**とも言うべき作業が不可欠です。

　そのため、建築大工技能教育研究所では、建築大工技能の基礎・基本を習得したい方や、建築大工職人を目指す方には、ぜひとも**建築大工技能士**の資格を取得していただきたいと思っています。

　1 〜 3 級建築大工技能士は、木造建築物の大工工事の施工に必要な技能を認定する国家資格です。建設業の現場で働く建築大工職人の技能と地位、さらには同業者・顧客からの信頼度を向上させる役割をもち、建築大工技能検定の学科・実技試験に合格することで取得できます。

　本書で主に取り扱っている 2 級建築大工技能検定の実技試験課題は、令和 4 年度から新課題に変更となりました。新課題は、一般の木造住宅では使われず、なじみが薄い**納まり**（振たる木と屋根筋かいを配置した小屋組の一部）で、使用する部材数こそ旧課題の 9 本から 7 本に減少したものの、原寸図の作成において、部材に対するより高い理解や作図精度が求められることになりました。さらに、試験時間が 5 時間 30 分から 3 時間 30 分に短縮されており、全体的に旧課題より難易度が上がっていると言えます。

　本書は、上記のような最新課題の特徴を踏まえ、長年、工業高校等で建築大工の実技指導を行っている『**ものづくりマイスター**』（建設業で優れた技能と経験を持つ熟練技能者）と**教員等**が、2 級建築大工技能検定実技試験に合格するための基本スキルやポイントを、**一から順序立てて解説**しています。

　本書の構成は、以下のようになっています。

　第 1 講「**建築大工の基礎知識**」では、建築大工作業を始めるにあたり、習得が必須となる基本的な道具の仕込みや使い方を、イラストを用いて解説しています。

　第 2 講「**ペーパークラフトの作成**」では、実技作業に取り掛かる前に、まずは部材の形状や取合い部を含めた全体像を把握することを目的として、**実物サイズの 1/2 のペーパークラフト**を作成します。本講は省略しても構いませんが、現寸図の作成や墨付けなどにも役立ちますので、取り組むことをお勧めします。

　第 3 講「**2 級建築大工技能検定の実技**」では、現行の 2 級建築大工技能検定の実技試験課題を取り上げ、課題に含まれている現寸図の作成・木ごしらえ・墨付け・加工・組立の作業手順を確実に習得できるよう、**直感的にわかりやすい俯瞰図**を用いて解説しています。

　本書が、2 級建築大工技能検定受検を目指す高専・専修学校・工業高校・職業訓練校の学生・生徒および建築大工職人の手引書・指導書となり、これからの学業や業務に役立つことを期待するとともに、読者の皆様が晴れて建築大工技能士となられることを祈念しております。

　2023 年 12 月

建築大工技能教育研究所

本書では、大きく右の 3 つのステップに分けて、建築大工技能の習得方法と、建築大工技能検定試験 2 級実技試験課題の作成方法を解説しています。また、各ページの見方については、下図を参照ください。

これから作業を行う箇所と内容を示します

難易度のレベルを 5 段階で表示しています

作業の「目的」を明確にしています

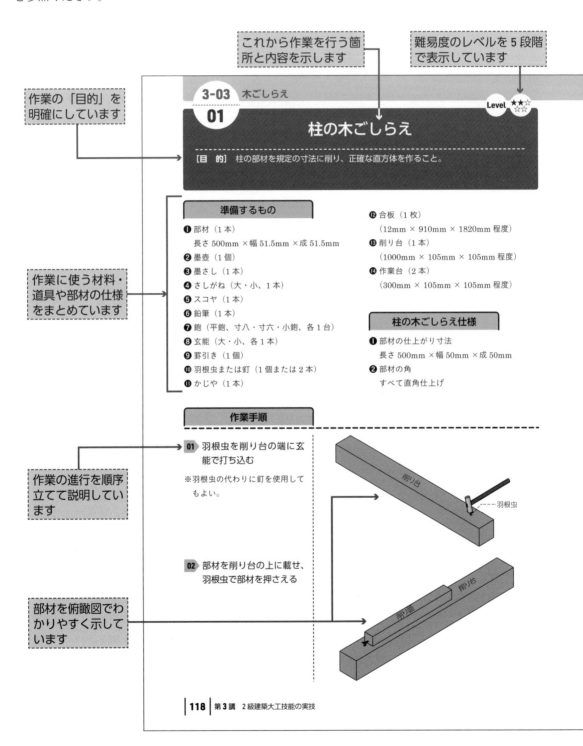

3-03 木ごしらえ

01

柱の木ごしらえ

Level ★★☆

【目　的】 柱の部材を規定の寸法に削り、正確な直方体を作ること。

準備するもの

❶ 部材（1 本）
　長さ 500mm ×幅 51.5mm ×成 51.5mm
❷ 墨壺（1 個）
❸ 墨さし（1 本）
❹ さしがね（大・小、1 本）
❺ スコヤ（1 本）
❻ 鉛筆（1 本）
❼ 鉋（平鉋、寸八・寸六・小鉋、各 1 台）
❽ 玄能（大・小、各 1 本）
❾ 罫引き（1 個）
❿ 羽根虫または釘（1 個または 2 本）
⓫ かじや（1 本）

⓬ 合板（1 枚）
　（12mm × 910mm × 1820mm 程度）
⓭ 削り台（1 本）
　（1000mm × 105mm × 105mm 程度）
⓮ 作業台（2 本）
　（300mm × 105mm × 105mm 程度）

柱の木ごしらえ仕様

❶ 部材の仕上がり寸法
　長さ 500mm ×幅 50mm ×成 50mm
❷ 部材の角
　すべて直角仕上げ

作業に使う材料・道具や部材の仕様をまとめています

作業手順

01 羽根虫を削り台の端に玄能で打ち込む

※羽根虫の代わりに釘を使用してもよい。

削り台

羽根虫

作業の進行を順序立てて説明しています

02 部材を削り台の上に載せ、羽根虫で部材を押さえる

部材を俯瞰図でわかりやすく示しています

削り台

削り台

【本書の3ステップ】

ステップ **01** 大工道具の仕込み・建築大工の技・さしがねの使用法［第1講］

ステップ **02** ペーパークラフト作成で実技試験課題の概要を把握［第2講］

ステップ **03** 建築大工技能検定2級実技試験の対策［第3講］

ものづくりマイスターからのアドバイスです。建築大工技能を習得するための重要なポイントを解説しています

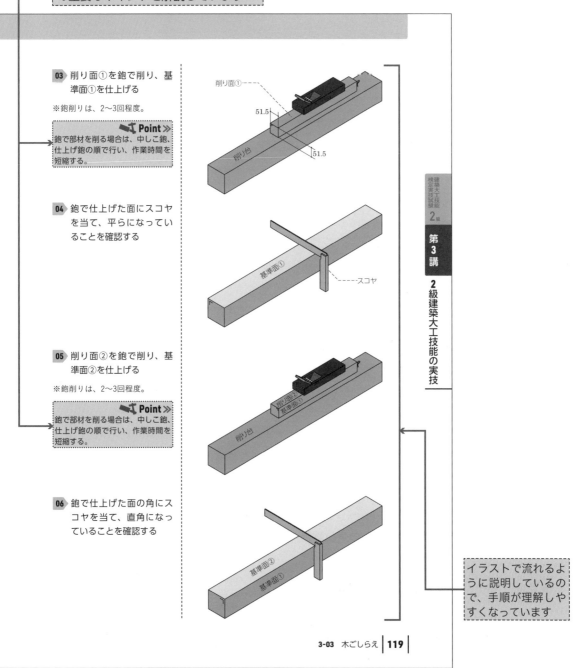

03 削り面①を鉋で削り、基準面①を仕上げる

※鉋削りは、2～3回程度。

Point »
鉋で部材を削る場合は、中しこ鉋、仕上げ鉋の順で行い、作業時間を短縮する。

削り面①

51.5

51.5

削り台

04 鉋で仕上げた面にスコヤを当て、平らになっていることを確認する

基準面①

スコヤ

05 削り面②を鉋で削り、基準面②を仕上げる

※鉋削りは、2～3回程度。

Point »
鉋で部材を削る場合は、中しこ鉋、仕上げ鉋の順で行い、作業時間を短縮する。

削り面②
基準面①

削り台

06 鉋で仕上げた面の角にスコヤを当て、直角になっていることを確認する

基準面②

基準面①

建築大工技能検定実技試験 2級

第3講 2級建築大工技能の実技

イラストで流れるように説明しているので、手順が理解しやすくなっています

3-03 木ごしらえ | **119**

目　次

本書の使い方…………………………………………………………………………………… iv

ダウンロードデータについて…………………………………………………………………… viii

第1講 建築大工の基礎知識

1-01　建築大工道具の仕込み方 …………………………………………………………… 2

　　01　① 鑿の各部名称 ……………………………………………………………… 2

　　　　② 鑿の冠下げ …………………………………………………………………… 4

　　　　③ 鑿の裏押し …………………………………………………………………… 6

　　　　④ 鑿の刃研ぎ …………………………………………………………………… 8

　　02　① 鉋の各部名称 ……………………………………………………………… 10

　　　　② 鉋刃の裏出し ………………………………………………………………… 14

　　　　③ 鉋刃の裏押し ………………………………………………………………… 16

　　　　④ 鉋刃の研ぎ …………………………………………………………………… 18

　　　　⑤ 鉋台下端の調整 ……………………………………………………………… 20

1-02　建築大工の技 ………………………………………………………………………… 24

　　01　墨付の記号（合印） ………………………………………………………… 24

　　02　① 両刃鋸の各部名称 ………………………………………………………… 26

　　　　② 木を切る技（横挽き） ……………………………………………………… 27

　　　　③ 木を切る技（縦挽き） ……………………………………………………… 29

　　　　④ 鋸挽きと墨線の関係 ………………………………………………………… 32

　　03　① 木を彫る技（鑿を用いたほぞ穴掘り） ………………………………… 33

　　　　② 充電式インパクトドライバの各部名称 ………………………………… 36

　　　　③ 木を彫る技（インパクトドライバを用いたほぞ穴あけ） ……………… 37

　　　　④ 木を切る技（鉋削り） ……………………………………………………… 39

1-03　さしがねの使用法 …………………………………………………………………… 43

　　01　さしがねの各部名称 ………………………………………………………… 43

　　02　さしがねの表目と裏目の関係 ……………………………………………… 44

　　03　勾配の表し方 ………………………………………………………………… 46

　　04　勾配の名称 …………………………………………………………………… 47

　　05　隅勾配 ………………………………………………………………………… 49

　　06　2 級建築技能検定の実技試験で使用する勾配 …………………………… 50

第2講 ペーパークラフトの作成

2-01　ペーパークラフト作成の準備 ……………………………………………………… 52

2-02　部品の切取り・のり付け・組立て ………………………………………………… 56

第3講 2級建築大工技能の実技

3-01	課題図の読み取り	66
3-02	現寸図の作成	82
	01 全体の配置	82
	02 平面図の作成	86
	03 左振たる木展開図の作成	99
	04 右屋根筋かい展開図の作成	107
	05 基本図の作成	118
3-03	木ごしらえ	120
	01 柱の木ごしらえ	120
	02 桁の木ごしらえ	122
	03 はりの木ごしらえ	126
	04 振たる木の木ごしらえ	132
	05 屋根筋かいの木ごしらえ	138
3-04	墨付け	142
	01 柱の墨付け	142
	02 桁の墨付け	148
	03 梁の墨付け	155
	04 左振たる木の墨付け	158
	05 右振たる木の墨付け	166
	06 右屋根筋かいの墨付け	171
	07 左屋根筋かいの墨付け	178
	08 各部材の展開図	184
3-05	加　工	190
	01 柱の加工	190
	02 桁の加工	196
	03 梁の加工	201
	04 左振たる木の加工	208
	05 右屋根筋かいの加工	212
3-06	組　立	218
	01 柱および梁の接合	218
	02 柱・梁および桁の接合	222
	03 左右振たる木の取付け	224
	04 左右屋根筋かい木の取付け	228
	05 部材接合部の本締め	233

第 **1** 講

建築大工の基礎知識

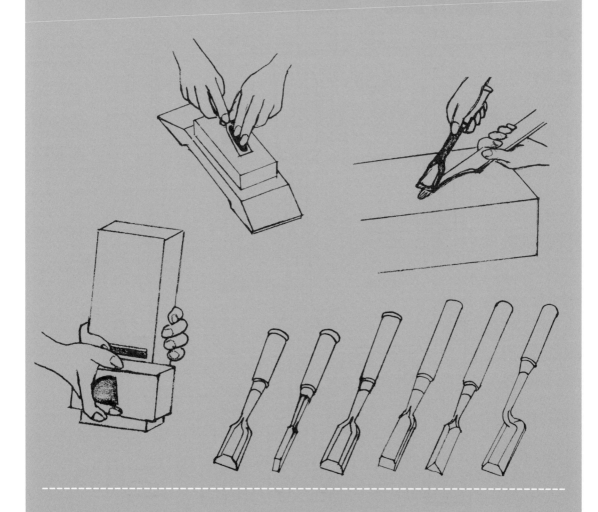

01 ① 鑿の各部名称 (のみ)

[用　途] 部材に穴をあける、狭い部分の削りや仕上げ
[種　類] 叩き鑿（玄能で柄頭を叩いて穴をあける鑿）、突き鑿（手で柄を押して削る鑿）など
[材　質] 刃物部分は鉄と鋼、柄の部分は木製（白カシ、赤カシなど）

鑿の各部名称

❶ 穂（ほ）
❷ 穂幅（ほはば）（鑿の大きさは、穂幅の長さでいう）
❸ 切刃（きれは）
❹ 小端（こば）
❺ 背中（せなか）
❻ 首（くび）
❼ 口金（くちがね）
❽ 柄（え）
❾ 冠（かつら）
❿ 耳（みみ）
⓫ 裏すき（うら）
⓬ 込み（こ）

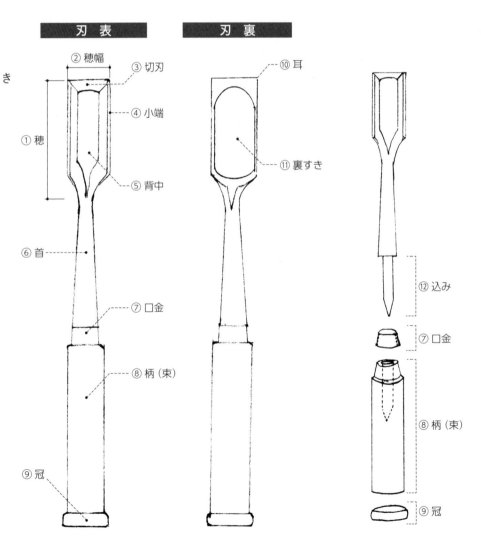

刃　表　　　　刃　裏

② 穂幅
③ 切刃
④ 小端
① 穂
⑤ 背中
⑥ 首
⑦ 口金
⑧ 柄（束）
⑨ 冠

⑩ 耳
⑪ 裏すき

⑫ 込み
⑦ 口金
⑧ 柄（束）
⑨ 冠

鑿の種類

種　類		用　途
叩き鑿（冠あり）	① 大入れ鑿※	浅い穴あけ、段欠き
	② 向こう待ち鑿	深い穴あけ、狭い溝突き
	③ 厚鑿	柱・梁のほぞ穴あけ
突き鑿（冠なし）	④ 薄鑿	ほぞ穴側面の仕上げ削り、ほぞの仕上げ削り
	⑤ 鎬鑿	溝隅の仕上げ削り
	⑥ こて鑿	溝底の仕上げ削り
特殊のみ	⑦ 打抜き鑿	通し穴のくずの打抜き
	⑧ かき出し鑿	ほぞ穴内部のくずのかき出し

※追入れ鑿ともいう。

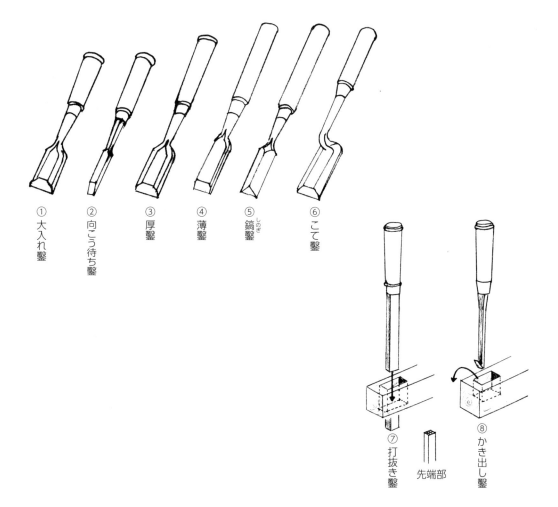

① 大入れ鑿
② 向こう待ち鑿
③ 厚鑿
④ 薄鑿
⑤ 鎬鑿
⑥ こて鑿
⑦ 打抜き鑿
先端部
⑧ かき出し鑿

01

②鑿の冠下げ
（のみ）（かつらさ）

[目　的]　冠の内側を丸やすりで削り、冠を鑿の柄頭（えがしら）より少し下に下がった状態にすること。

準備するもの

❶ 鑿（大入れ鑿）
（のみ）（おおいれ）（のみ）
❷ 玄能（小、1本）
（げんのう）
❸ 丸やすり（1本）
（まる）
❹ 台木（1本）
（だいぎ）
❺ 万力（1個）
（まんりき）
❻ 金床（1個）
（かなどこ）

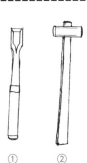  
① ② ③

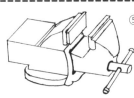
⑤

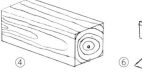
④ ⑥

作業手順

01　台木の上で、鑿の柄を回しながら玄能で冠を叩いて外す
（はず）

1

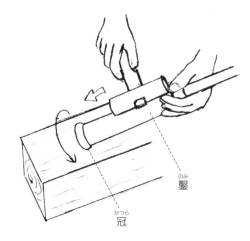

鑿（のみ）

冠（かつら）

02 ▶ 冠を万力で固定し、丸や
すりで冠の内側のばりを
削って丸みを付ける

2

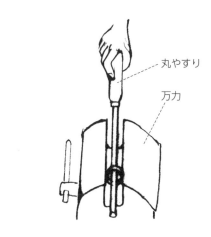

丸やすり

万力

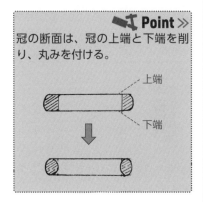

Point ≫

冠の断面は、冠の上端と下端を削
り、丸みを付ける。

上端

下端

03 ▶ 金床の上で、鑿の柄を回
しながら玄能で鑿の柄頭
を叩く

3

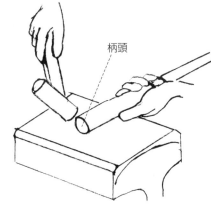

柄頭

04 ▶ 台木の上で、冠の全周を
均等に玄能で叩き、鑿の
柄頭が 2 〜 3mm 程度出る
ようにはめ込む

4

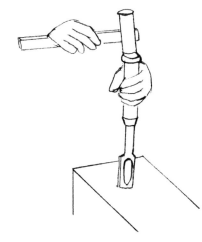

05 ▶ 鑿の柄頭を、冠と同じ高
さくらいまで玄能で叩い
てならす

5

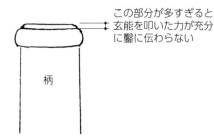

この部分が多すぎると
玄能を叩いた力が充分
に鑿に伝わらない

柄

第1講　建築大工の基礎知識

01

③鑿の裏押し

[目　的] 鑿の刃裏を金盤で研ぎ、平らで鏡面のように仕上げること。

準備するもの

❶ 鑿（大入れ鑿）
❷ 金剛砂（少量）
❸ 金盤（1個）
❹ 水（少量）
❺ 押え棒（1本）
　（長さ 300mm ×幅 30mm ×成 15mm 程度）

①

②

③

④

⑤

作業手順

01 金盤上に少量の金剛砂を
まき、指先で水を 2 〜 3
滴たらす

[1]

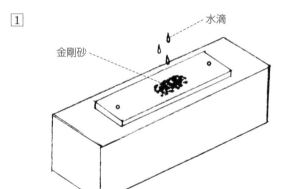

水滴
金剛砂

02 ▶ 幅の広い鑿は、鑿の背中に押え棒を添えて、両手で握る

🔧 **Point** ≫

研ぐときには、刃先がぐらつかないよう力を入れて研ぐ。

2 幅の広い鑿

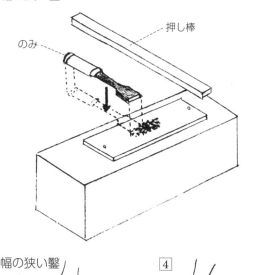

押し棒

のみ

03 ▶ 幅の狭い鑿は、右手で鑿の柄を握り、左手の中指と人指し指で、刃先を押さえる

3 幅の狭い鑿

4

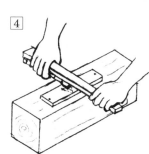

04 ▶ 金盤上の金剛砂を、鑿の刃裏で押しつぶし、金剛砂の粒が細かくなったところで、鑿の刃先側を金盤に強く当てて研ぐ

05 ▶ 金盤上の湿りがなくなり、刃裏の周辺部分が鏡面のようになるまで一気に研ぎ上げる

5

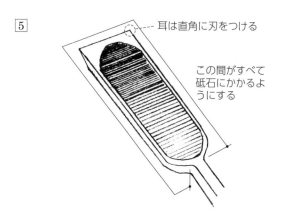

耳は直角に刃をつける

この間がすべて砥石にかかるようにする

🔧 **Point** ≫

裏切れした刃は、鑿の裏出しを行った後に、鑿の裏押しを行う。

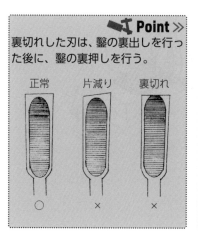

正常　　片減り　　裏切れ

○　　　×　　　×

01

Level ★★★☆

4 鑿の刃研ぎ

[目　的]　鑿の切刃を中砥石および仕上げ砥石で研ぎ、切刃の面が平らで鏡面のように仕上げること。

準備するもの

❶ 鑿（大入れ鑿）
❷ ダイヤモンド砥石（＃400程度、1個）
❸ 中砥石（＃1000程度、1個）
❹ 仕上げ砥石（＃6000程度、1個）
❺ 水
❻ バット

①

②

③

④

⑤

⑥

作業手順

01 砥石を水に浸けておき、水を十分に吸わせる

1

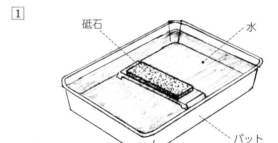

砥石

水

バット

02 中砥石および仕上げ砥石を、ダイヤモンド砥石とすり合わせ、砥石の面を水平にする

2

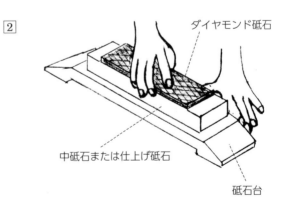

ダイヤモンド砥石

中砥石または仕上げ砥石

砥石台

03 中砥石の正面に立ち、右手で鑿の柄を握り、左手の中指と人指し指で刃裏を押さえながら、刃先を砥石の短手方向に対して平行またはやや斜めに向けて研ぐ

> **Point »**
> 砥石面での鑿の往復距離は、穂幅の約3倍の長さとし、一部分だけがすり減らないようにする。

04 切刃の面の状態を確認する

05 切刃の面の全面が砥石に当たり、刃返りが出るまで研ぐ

> **Point »**
> 鑿の切刃角度は、鑿の種類・使用目的などにより変える。鑿の切刃の角度は、一般的に 20 〜 30° である。

06 切刃の先が一様に、刃返りが出ていることを確認する

07 刃先を仕上げ砥石の短手方向に対して直角に向けた後、仕上げ砥石に刃裏を密着させて研ぎ、刃返りを取る

08 右手で鑿の柄を握り、左手の中指と人指し指で刃裏を押さえながら、切刃の面の全面が仕上げ砥石に当たるように研ぐ

09 **07** **08** を繰り返し、切刃の面が平らで鏡面のように仕上がるまで研ぐ

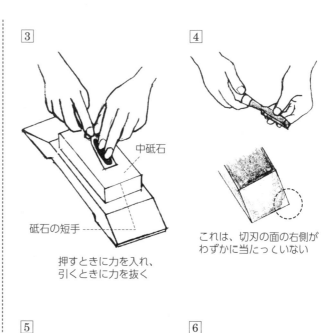

③

中砥石

砥石の短手

押すときに力を入れ、引くときに力を抜く

④

これは、切刃の面の右側がわずかに当たっていない

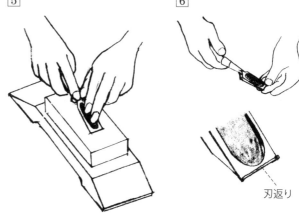

⑤

⑥

刃返り

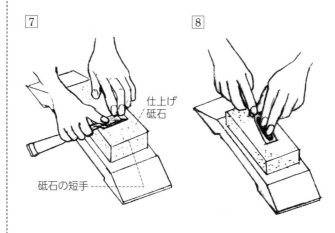

⑦

仕上げ砥石

砥石の短手

⑧

02 ①鉋（かんな）の各部名称

[用 途] 木材の表面を薄く削り取り、滑らかな面に仕上げる。
[構造上の分類] 1枚刃鉋（削り抵抗は少なく、削り肌は美しいが、逆目が生じやすい）、
　　　　　　　　2枚刃鉋（裏金（うらがね）の働きによって刃が安定し、逆目が生じにくい）
[材 質] 刃物部分は鉄と鋼、鉋台の部分は木製（白カシ、ナラ、ケヤキなど）

平鉋（ひらがんな）の各部名称

❶ 鉋刃（かんなば）（鉋身（かんなみ））
❷ 裏金（うらがね）（裏座（うらざ））
❸ 裏金留（うらがねどめ）（押（お）さえ棒（ぼう））
❹ 上端（うわば）
❺ 下端（したば）
❻ 台頭（だいがしら）
❼ 台尻（だいじり）
❽ 木端（こば）
❾ 甲穴（こうあな）（鉋屑をため、鉋屑を排出するための穴を甲穴という）

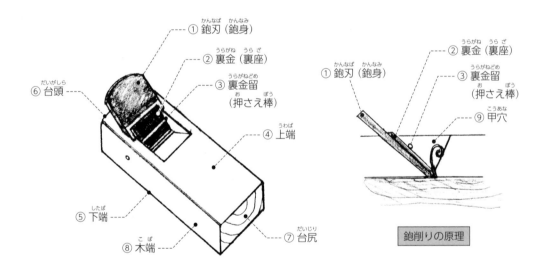

鉋削りの原理

⑩ 表馴染（おもてなじみ）

⑪ 押さえ溝（おさえみぞ）

⑫ 刃口（はぐち）

⑬ 木端返し（木屑返し）（こっぱかえし・きくずかえし）

⑭ 頭（あたま）

⑮ 肩（かた）

⑯ 小端（こば）

⑰ 耳（みみ）

⑱ 切刃（鎬面）（きれは・しのぎめん）

⑲ 刃幅（ははば）

⑳ 裏すき（うら）

㉑ 刃裏（はうら）

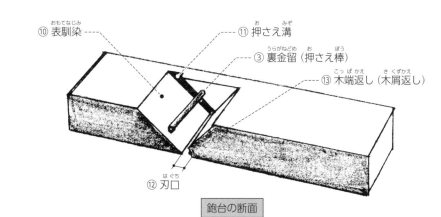

⑩ 表馴染（おもてなじみ）　　⑪ 押さえ溝（おさえみぞ）　　③ 裏金留（押さえ棒）（うらがねどめ・おさえぼう）　　⑬ 木端返し（木屑返し）（こっぱかえし・きくずかえし）　　⑫ 刃口（はぐち）

鉋台の断面

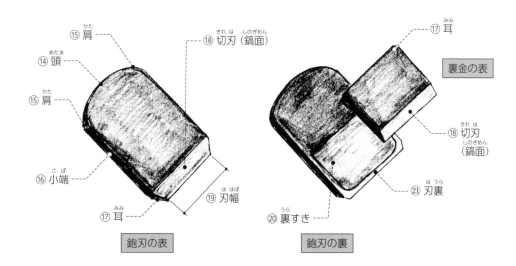

⑮ 肩（かた）　　⑭ 頭（あたま）　　⑮ 肩（かた）　　⑯ 小端（こば）　　⑰ 耳（みみ）　　⑱ 切刃（鎬面）（きれは・しのぎめん）　　⑲ 刃幅（ははば）

⑰ 耳（みみ）　　裏金の表　　⑱ 切刃（鎬面）（きれは・しのぎめん）　　㉑ 刃裏（はうら）　　⑳ 裏すき（うら）

鉋刃の表　　　鉋刃の裏

鉋の種類

種　類		用　途
① 平 鉋		平らの面を仕上げる際に用いる。
② 長台 鉋		長い材の仕上げや板をはぎ合わせる際に用いる。
③ 台直し鉋		鉋台の下端を修正する際に用いる。
④ 際 鉋		段のあるところを仕上げる際に用いる。左勝手と右勝手がある。
溝 鉋	⑤ 決り鉋	溝をつくる際に用いる。
	⑥ 脇取り鉋	溝の側面を仕上げる際に用いる。左勝手と右勝手がある。
	⑦ 底取り鉋	溝の底を仕上げる際に用いる。
丸 鉋	⑧ 内丸 鉋	凸形に湾曲した面を仕上げる際に用いる。
	⑨ 外丸 鉋	凹形に湾曲した面を仕上げる際に用いる。
	⑩ 反り台 鉋	曲面を仕上げる際に用いる。
面取り鉋		部材の面を取る際に用いる。

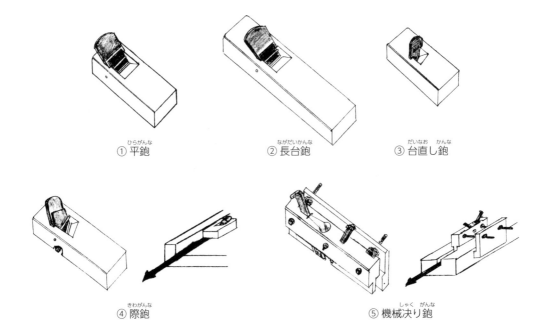

① 平鉋　　　② 長台鉋　　　③ 台直し鉋

④ 際鉋　　　⑤ 機械決り鉋

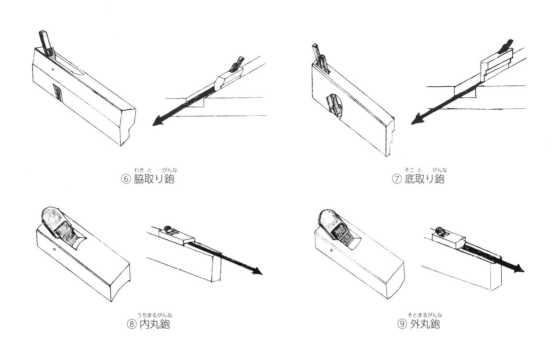

⑥ 脇取り鉋
（わきとりがんな）

⑦ 底取り鉋
（そことりがんな）

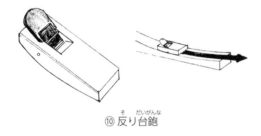

⑧ 内丸鉋
（うちまるがんな）

⑨ 外丸鉋
（そとまるがんな）

⑩ 反り台鉋
（そりだいがんな）

02

②鉋刃の裏出し

[目 的] 鉋刃の地金の部分を叩き、その力で鋼の部分を押し曲げること。

準備するもの

❶ 鉋刃（鉋身）
❷ 玄能（小、1本）
❸ 金床（1個）

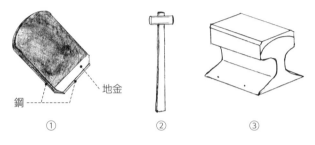

鋼 ── 　── 地金

① ② ③

作業手順

01 鉋刃の表に親指をかけ、他の指は鉋刃の裏にかける。玄翁を持っている肘は脇につける

①

鉋刃 ──

02 鉋刃と金床を密着させ、人差し指を金床の小端に付ける

②

この部分を叩く

Point ≫
人差し指をガイドにして叩く位置を決める。また、冬の寒い時期は湯で温めてから叩くと良い。

03 玄能は丸みのある方を下にし、押し出すように裏切れの箇所を軽く叩く

③

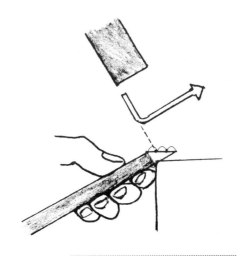

Point ≫
玄能で叩く位置は、切刃を3等分して地金の部分から3分1で、鉋刃の刃先や耳は叩かない。

04 刃裏の出の具合を点検し、刃裏の刃先が鉋刃の裏側にわずかに曲がるまで叩く

Point ≫
刃裏の刃先が曲がらないときは、**01**〜**03**の作業を繰り返す。

④

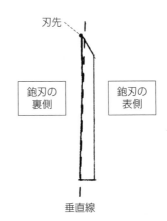

刃先

鉋刃の裏側

鉋刃の表側

垂直線

02

③ 鉋刃の裏押し

[目 的] 鉋刃の刃裏を金盤で研ぎ、平らで鏡面のように仕上げること。

準備するもの

❶ 鉋刃（鉋身）
❷ 金剛砂（パウダー、少量）
❸ 金盤（1個）
❹ 水（少量）
❺ 押え棒（1本）

（長さ 300mm ×幅 30mm ×成 15mm 程度）

①

②

③

④

⑤

作業手順

01 金盤上に少量の金剛砂をまき、指先で水を 2 〜 3 滴たらす

1

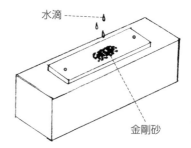

水滴

金剛砂

02 右手で押え棒と鉋刃の頭部を握り、左手で押え棒のもう一端を握る

2

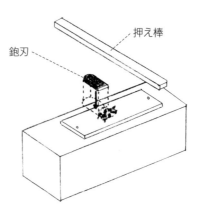

押え棒

鉋刃

03 金盤上の金剛砂を、鉋刃の刃裏で押しつぶし、金剛砂の粒が細かくなったところで、鉋刃の刃先側を金盤に強く当てて研ぐ

> **⚒ Point ≫**
> 研ぎは、押すときに力を入れ、引くときに力を抜く。

04 ときどき刃裏の当たり方を点検し、刃裏の刃先が糸裏の状態になるまで研ぐ

> **⚒ Point ≫**
> 刃裏の刃先が糸裏の状態になっていないときは、**02** **03** の作業を繰り返す。

05 金盤上の金剛砂を全て払い落し、指先で水を1〜2滴たらす

06 金盤上の湿りがなくなり、刃裏が鏡面のようになるまで一気に研ぎ上げる

> **⚒ Point ≫**
> 裏切れした鉋刃は、鉋刃の裏出しを行った後に、鉋刃の裏押しを行う。

裏切れ

③

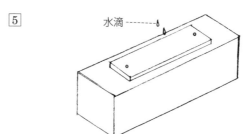

④

糸裏

⊤ 1mm 程度

1mm 程度の平坦な幅で刃先の光った状態を糸裏という

⑤

水滴

⑥

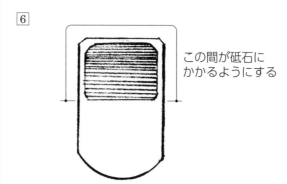

この間が砥石にかかるようにする

02

Level ★★★☆

[4] 鉋刃の研ぎ

[目　的] 鉋の切刃を中砥石および仕上げ砥石で研ぎ、切刃の面が平らで鏡面のように仕上げること。

準備するもの

❶ 鉋刃（鉋身）
❷ ダイヤモンド砥石（#400 程度、1 個）
❸ 中砥石（#1000 程度、1 個）
❹ 仕上げ砥石（#6000 程度、1 個）
❺ 水
❻ バット

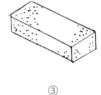
①

②

③

④

⑤

⑥

作業手順

01 砥石を水に浸けておき、水を十分に吸わせる

1

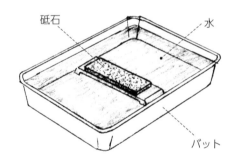

砥石　水　バット

02 中砥石および仕上げ砥石を、ダイヤモンド砥石とすり合わせ、砥石の面を水平にする

2

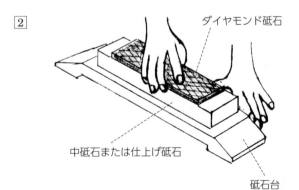

ダイヤモンド砥石
中砥石または仕上げ砥石
砥石台

03 ▶ 右手は鉋身をしっかり握り、中指と人指し指を刃裏に当てる

04 ▶ 中砥石の正面に立ち、右手の中指と人指し指で刃裏を押さえながら、刃先を砥石の短手方向に対して平行またはやや斜めに向けて研ぐ

> **🔧 Point »**
> 砥石面での鉋の往復距離を短くとり、砥石面と切刃面との角度を常に一定に保ち、少し刃先に力がかかりぎみに押さえる。

05 ▶ 切刃の面の全面が砥石に当たり、刃返りが出てくるまで研ぐ

> **🔧 Point »**
> 鉋の切刃角度は、鉋の種類・使用目的などにより変える。鉋の切刃の角度は、一般的に 25 〜 30°である。

06 ▶ 切刃の先が一様に、刃返りが出ていることを確認する

07 ▶ 刃先を砥石の短手方向に対して直角に向けた後、仕上げ砥石に刃裏を密着させて研ぎ、刃返りを取る

08 ▶ 右手の中指と人指し指で刃裏を押さえながら、刃先を砥石の短手方向に対して平行またはやや斜めに向けて研ぐ

09 ▶ **07** **08** を繰り返し、切刃の面が平らで鏡面のように仕上がるまで研ぐ

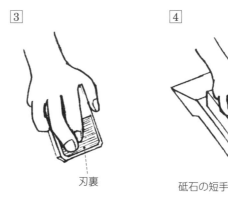

③

④

刃裏

中砥石

砥石の短手

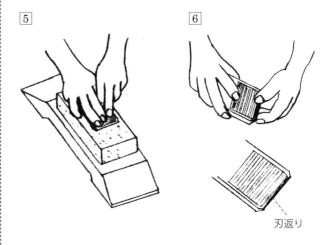

⑤

⑥

刃返り

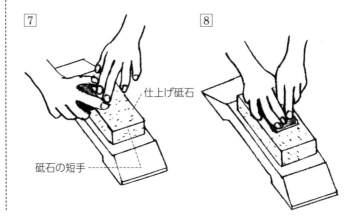

⑦

⑧

仕上げ砥石

砥石の短手

02

⑤ 鉋台下端の調整
かんなだいしたば　ちょうせい

[目 的] 鉋台下端を下端定規で調べ、高いところを台直し鉋で削り取り、削り作業に適した面に調整すること。

準備するもの

❶ 平鉋（1 台）
ひらかんな
❷ 台直し鉋（1 台）
だいなお　かんな
❸ 玄能（小、1 本）
げんのう
❹ 鉋台の面直し器（1 台）
かんなだい　めんなお　き
❺ サンドペーパー（鉋台用、1 枚）
かんなだいよう
❻ 下端定規（1 組）
したば じょうぎ

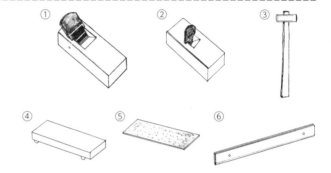

作業手順

01 鉋刃を少し引っこめ、鉋台下端から刃先が出ない状態にする

1

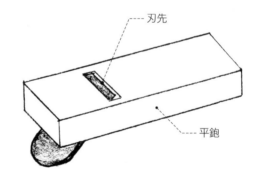

刃先

平鉋

02 鉋台の面直し器にサンドペーパーを貼り付け、鉋台下端の全面を平らに削る

2

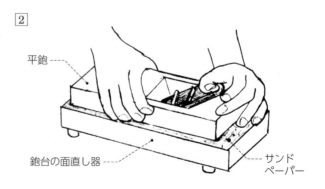

平鉋

鉋台の面直し器

サンドペーパー

03 鉋台の下端を上に向け、左手で鉋の台頭を握り、右手で台直し鉋を持って刃口部から台尻部までを横ずりし、平らになるように削る

③

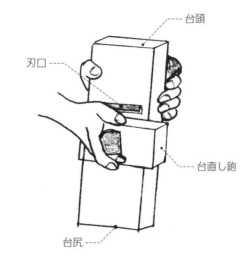

台頭

刃口

台直し鉋

台尻

04 鉋台の下端を上に向け、左手で台頭と台尻の中間を握り、右手で台直し鉋を持って刃口部から台頭部までを横ずりし、平らになるように削る

④

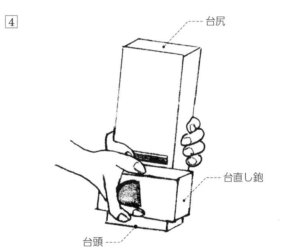

台尻

台直し鉋

台頭

> ▶**Point ≫**
> 台直し鉋による鉋台の下端削りは、荒しこ鉋・中しこ鉋・仕上げ鉋により、調整が異なる。

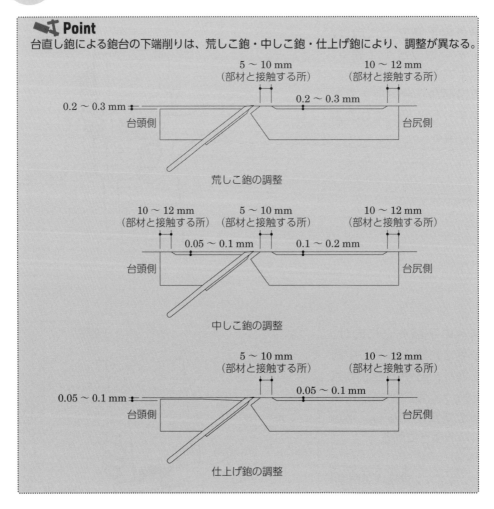

Point

台直し鉋による鉋台の下端削りは、荒しこ鉋・中しこ鉋・仕上げ鉋により、調整が異なる。

5 〜 10 mm
（部材と接触する所）

10 〜 12 mm
（部材と接触する所）

0.2 〜 0.3 mm

0.2 〜 0.3 mm

台頭側

台尻側

荒しこ鉋の調整

10 〜 12 mm
（部材と接触する所）

5 〜 10 mm
（部材と接触する所）

10 〜 12 mm
（部材と接触する所）

0.05 〜 0.1 mm

0.1 〜 0.2 mm

台頭側

台尻側

中しこ鉋の調整

5 〜 10 mm
（部材と接触する所）

10 〜 12 mm
（部材と接触する所）

0.05 〜 0.1 mm

0.05 〜 0.1 mm

台頭側

台尻側

仕上げ鉋の調整

05 鉋台の下端を上に向け左手で持ち、右手で下端定規を持って図イのようにあて、鉋台と下端定規の隙間の出来具合を調べる

Point ≫
台面の凹凸があれば、高いところを台直し鉋で削る取る。

⑤

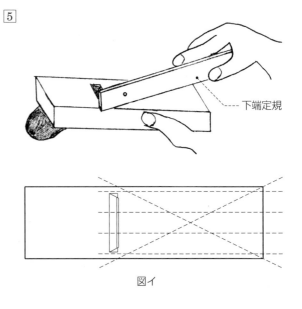

下端定規

図イ

06 鉋台の下端を上に向け左手で持ち、右手で下端定規を持って図ロ、図ハ、図ニの順であて、鉋台と下端定規の隙間の出来具合を調べる

Point ≫
台面の凹凸があれば、高いところを台直し鉋で削る取る。

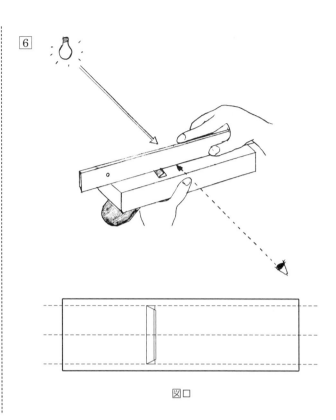

図ロ

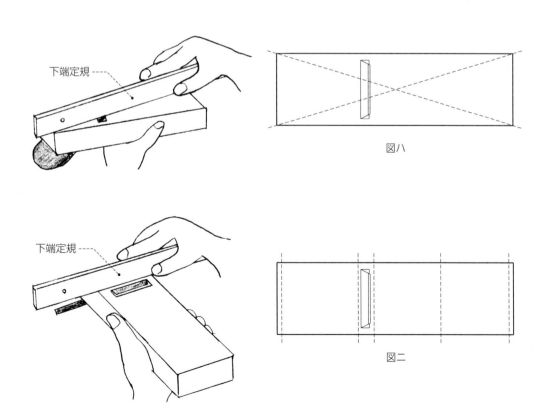

下端定規

図ハ

下端定規

図ニ

01 墨付けの記号（合印）

Level ★★☆

［合印とは］ 建築大工の部材工作に当たって使われる記号のことをいう。

［目 的］ 部材の墨付けは加工・組立の基準となり、これらの作業の混乱を防ぐため、墨付けの記号を用いる。

主な合印

ここでは、一般的な柱に用いる合印を取り上げる。

❶ 芯 印
❷ 切り墨印
❸ ほぞ印
❹ 峠 印
❺ 消し印
❻ にじり印
❼ ほぞ穴印

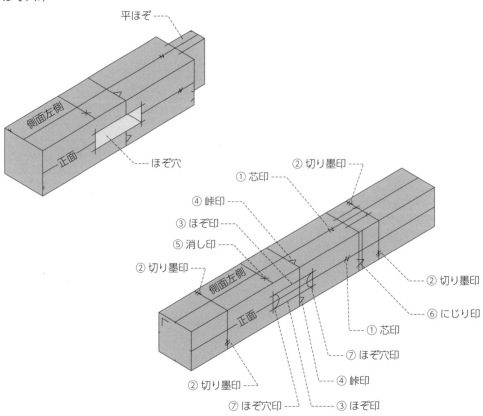

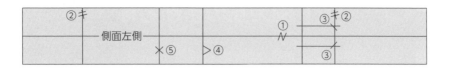

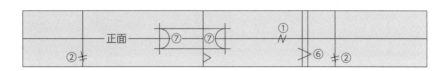

合印の種類

種　類	用　途
① 芯 印（しんじるし）	部材の中心線を示すために付ける記号
② 切り墨 印（きずみじるし）	木材の切断すべき位置を示すために付ける記号
③ ほぞ印（じるし）	ほぞの位置と大きさを示すために付ける記号
④ 峠 印（とうげじるし）	母屋、垂木などを取り付ける場合、その位置を示すために付ける記号
⑤ 消し印（けじるし）	間違えた線を消したことにするために付ける記号
⑥ にじり印（じるし）	墨付けを間違えて改めた場合に付ける記号 ＜印の開いた側にある墨が正しいとする
⑦ ほぞ穴 印（あなじるし）	ほぞ穴の位置と大きさを示すために付ける記号

02 ① 両刃鋸の各部名称
りょうばのこ

[用　途]　木材を所要の寸法と形状に切断する。

[サイズ]

　1尺（刃渡り 27cm、鋸身の幅 11.5cm、歯数 1 寸当たり 12 ～ 13 枚）

　9 寸（刃渡り 24cm、鋸身の幅 10cm、歯数 1 寸当たり 16 枚）

　8 寸（刃渡り 21cm、鋸身の幅 9 cm、歯数 1 寸当たり 20 枚）

[材　質]　鋸身の部分は鋼板、柄の部分は木製

両刃鋸の各部名称

❶ 鋸身
のこみ

❷ 柄
え

❸ 検歯（鋸の最先端の歯）
けんとば

❹ 末歯
すえば

❺ 元歯
もとば

❻ あご歯（鋸の最終端の歯）
ば

❼ 横挽き歯（歯の目は細かく、歯の形は鋭く小刀状の形である。）
よこびきば

❽ 縦挽き歯（歯の目は粗く、刃の形は鑿を一列に並べたような形である。）
たてびきば

❾ 刃渡り（鋸の大きさは、刃渡りの寸法でいう。）
はわたり

❿ 首
くび

⓫ 柄頭
えがしら

⓬ 柄尻
えじり

⓭ 藤巻き
ふじま

⓮ 込み
こ

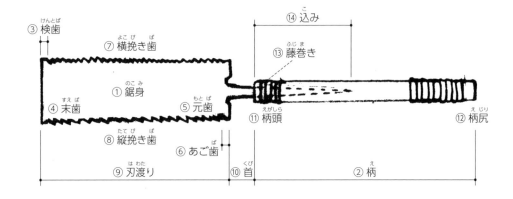

02 ②木を切る技（横挽き）

[目　的]　横挽き歯を使用し、部材を木材の繊維方向に対して直角に切断すること。

準備するもの

❶ 墨壺（1個）
❷ 墨刺（1本）
❸ さしがね（大、1本）
❹ 両刃鋸（刃渡り 270mm 程度、1本）
❺ 部材（長さ 700mm 程度×幅 90mm ×成 90mm、1本）
❻ 作業台（長さ 300mm ×幅 105mm ×成 105mm、2本）
❼ 合板（厚さ 12mm ×幅 910mm ×長さ 1820mm、1枚）

作業手順

01 部材を作業台の上に、水平にした状態で置く

①

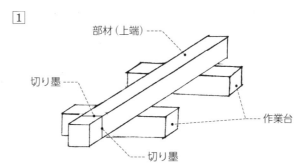
部材（上端）
切り墨
作業台
切り墨

02 左手の親指先を切り墨の位置に置いて案内とし、鋸を小さな振り幅で動かして挽き目を付ける

②

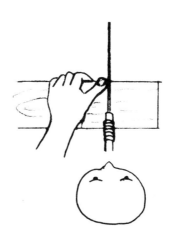

> 🔪 **Point** ≫
> 顔の中心と鋸の軸線とが挽く方向に一致するように構える。

03 ▶ 挽き目ができたら親指を離し、徐々に挽き始める。鋸の挽込み角度は、約 15° ぐらいとする

③

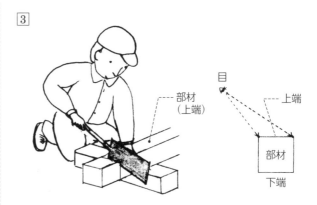

目

部材（上端）

上端

部材

下端

> **⊥ Point**
> 鋸は引くときに力を入れて、軽く戻すことで、早くきれいに切断できる。

04 ▶ 作業が安定したら両手で鋸を持ち、鋸の挽き込み速度を上げていく。鋸の挽込み角度は、約 30° ぐらいとする

④

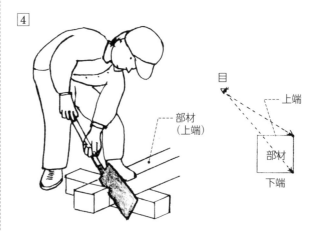

目

部材（上端）

上端

部材

下端

> **⊥ Point ≫**
> 体重のかけ方は、部材に載せた左足の方を重くし、右足の方は体の動揺を防ぐ程度に軽くする。

05 ▶ 挽き終わりは、次第に引く力を弱めて鋸を小刻みに動かす。鋸の挽込み角度は、水平に近づける

⑤

部材（上端）

> **⊥ Point**
> 部材の端部が欠けないように、手で切り落しの木材を支える。

02

③木を切る技（縦挽き）

[目　的] 縦挽き歯を使用し、部材を木材の繊維方向に対して平行に切断すること。

準備するもの

❶ 墨壺（すみつぼ）（1個）
❷ 墨刺（すみさし）（1本）
❸ さしがね（大、1本）
❹ 両刃鋸（りょうばのこ）（刃渡り270mm程度、1本）
❺ 部材（長さ700mm程度×幅90mm×成90mm、1本）
❻ 作業台（長さ300mm×幅105mm×成105mm、2本）
❼ 合板（厚さ12mm×幅910mm×長さ1820mm、1枚）

作業手順

01 部材の一端のみを作業台の上に、傾斜を付けた状態で置く

①

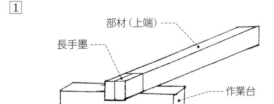

部材（上端）
長手墨
作業台

02 左手の親指先を上端面の長手墨の位置に置いて案内とし、鋸を小さな振り幅で動かして挽き目を付ける

②

目
上端
部材
下端
部材（上端）

> **🔨 Point**
> 挽き目を付けにくい場合は、横挽き歯を使用する。

03 左手の親指先を下端面の
長手墨の位置に置いて案
内とし、鋸を小さな振り
幅で動かして挽き目を付
ける

③

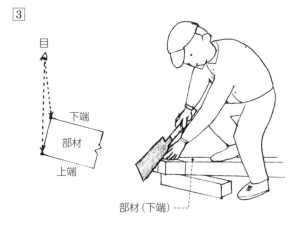

目

下端

部材

上端

部材（下端）

> **Point**
> 挽き目を付けにくい場合は、横挽
> き歯を使用する。

04 両手で鋸を持ち、上端面
及び下端面に付けた挽き
目を結ぶように挽き込む

④

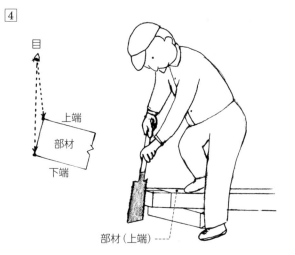

目

上端

部材

下端

部材（上端）

05 両手で鋸を持ち、上端面の斜めの挽込みが下端面に出るまで挽き込む。鋸の挽込み角度は、約 30 〜 45°ぐらいとする

⑤

目

上端

部材

下端

部材（上端）

> 🪚 **Point**
> 顔の中心と鋸の軸線とが挽く方向に一致するように構える。

06 部材を裏返し、両手で鋸を持ち、下端面の斜めの挽き込みが上端面に出るまで挽き込む。鋸の挽込み角度は、約 30 〜 45°ぐらいとする

⑥

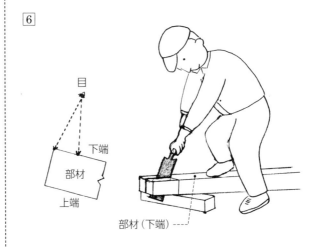

目

下端

部材

上端

部材（下端）

07 挽き終わりは、縦挽き歯が部材の両側面の墨に合うように、鋸を垂直にして挽き込む

⑦

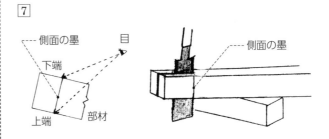

側面の墨　　目

下端

上端　　部材

側面の墨

Level ★★★

④ 鋸挽きと墨線の関係

　部材を鋸で切断する場合は、鋸の歯を墨線のどこの位置に合わせて鋸挽きするかによって、微妙な調整が可能となり、仕口や継手の出来映えに大きく影響する。

　鋸挽きには、墨線を払う方法、墨線をまたぐ方法及び墨線を半分残す方法などがある。

（1）墨線を払う方法

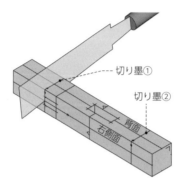

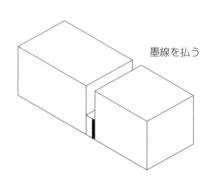

切り墨①②を鋸で、墨線を払うように横挽きする。

（2）墨線をまたぐ方法

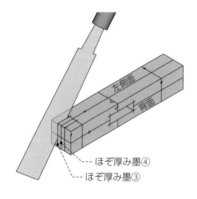

ほぞ厚墨③④を鋸で、墨線をまたぐように縦挽きする。

（3）墨線を半分残す方法

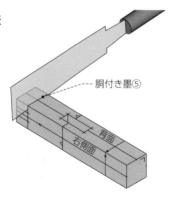

胴付き墨⑤を鋸で、墨線を半分残すように横挽きする。

03

Level ★★★☆

① 木を彫る技
(鑿を用いたほぞ穴掘り)

[目 的] 鑿を使用し、部材に印したほぞ穴を所定の幅・厚み・深さとなるように掘ること。

準備するもの

❶ 墨壺（すみつぼ）（1個）
❷ 墨刺（すみさし）（1本）
❸ さしがね（大、1本）
❹ 大入れ鑿（おおいれのみ）（24mm、12mm、各1本）
❺ 玄能（大、中、小、各1本）
❻ 部材（長さ700mm程度×幅72mm×成72mm、1本）
❼ 作業台（長さ300mm×幅105mm×成105mm、2本）
❽ 合板（厚さ12mm×幅910mm×長さ1820mm、1枚）

作業手順

01 部材を作業台の上に、水平にした状態で置き、ほぞ穴墨の手前に太ももがくるように腰を掛ける

①

玄能

鑿

作業台

🔨 Point
部材をまたいで腰を掛けない。

02 鑿は、左手で冠から1cmほど下がったところを握る

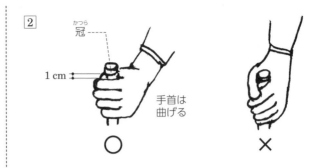

②

冠

1 cm

手首は
曲げる

○　　×

🔨 Point 》
玄能の打ち損じから手や手首を守るために、手首を曲げた状態で鑿を握る。

03 左手で玄能を持ち、玄翁の平らのな方で、柄頭の真上を平らに打つ

③

○　　×　　×

🔨 Point 》
目は、常に刃先を見るようにする。

04 ほぞ穴の幅墨に当て、輪郭に切り込みを軽く入れる。これを「鑿立て」という

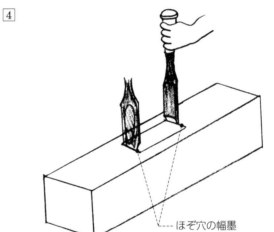

④

‑‑‑‑ ほぞ穴の幅墨

05 ほぞの厚み墨に当て、輪郭に切込みを軽く入れる

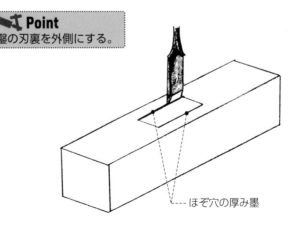

⑤

🔨 Point
鑿の刃裏を外側にする。

‑‑‑‑ ほぞ穴の厚み墨

06 ほぞ穴の幅墨より4～5mm程度内側を鑿で叩いて、切込みをつける

> 🔨 **Point ≫**
> 鑿を打つ玄能は、木材の繊維直角方向（ほぞ穴の幅墨）には二打ち、木材の繊維方向（ほぞ穴の厚み墨）には一打ち程度の割合で行う。

07 ほぞの厚み墨より3mm程度内側を鑿で叩いて、切込みをつける

> 🔨 **Point ≫**
> 鑿の運び方は、鑿の片方の耳を部材に付け、他方を浮かせて移動する。
>
> 1) 傾ける
>
> 2) 傾けたまま移動
>
> 3) 元に戻す
>
> 鑿の運び方

08 手前側（作業者に近い側）のほぞ穴の幅墨に鑿を傾けて打ち込み、屑を取る

> 🔨 **Point ≫**
> 鑿を手前に起こし、刃裏を用いて屑をもぎ取る。

6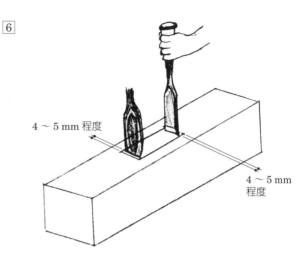

4～5mm程度

4～5mm程度

7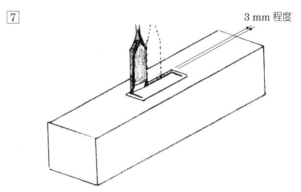

3mm程度

8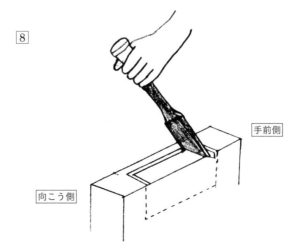

手前側

向こう側

09 向こう側（作業者に遠い側）のほぞ穴の幅墨に鑿を傾けて打ち込み、屑を取る

> 🔧 **Point ≫**
> 鑿は刃表側を手前に持ち替える。

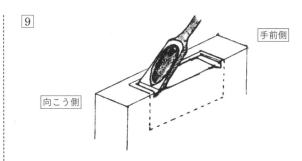

10 手前側のほぞ穴の幅墨より4〜5mm程度内側を鑿で叩いて、切込みをつける

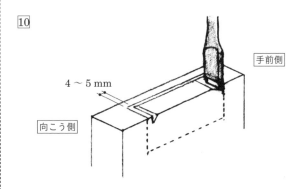

11 手前側のほぞの厚み墨より3mm程度内側を鑿で叩いて、切込みをつける

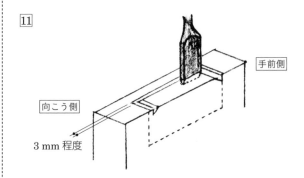

12 手前側のほぞ穴の中に山ができるように掘る

> 🔧 **Point ≫**
> 鑿は刃表側を手前に持ち替える。

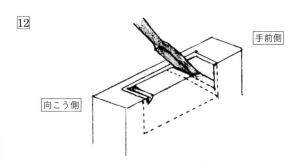

13 向こう側のほぞ穴にも上記の **07** 〜 **09** を繰り返し、ほぞ穴の中に山ができるように掘る

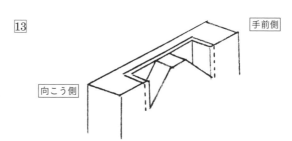

13

向こう側　　　　　　手前側

14 ほぞ穴の山に鑿を打ち込み、ほぞ穴の底が平らになるように掘る

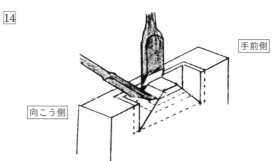

14

向こう側　　　　　　手前側

15 所定のほぞ穴の深さになったら、ほぞ穴の幅墨に鑿を合わせて削る

> ✈ **Point ≫**
> 墨線を半分残すように仕上げる。

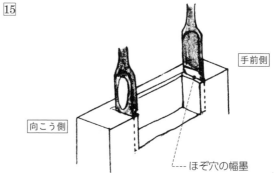

15

向こう側　　　　　　手前側

----- ほぞ穴の幅墨

16 ほぞの厚み墨に鑿を合わせて削る

> ✈ **Point ≫**
> 墨線を払うように仕上げる。

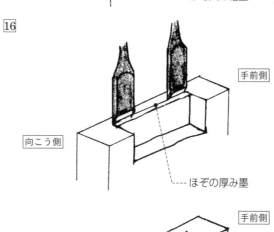

16

向こう側　　　　　　手前側

----- ほぞの厚み墨

手前側

向こう側

穴掘り完了

第1講　建築大工の基礎知識

03 ②充電式インパクトドライバの各部名称

［用　途］ ネジ・ボルトの締付け、木材・鉄等の穴あけ

［特　徴］ 回転方向に打撃を加えて大きなトルクを発生させる工具で、負荷の高い作業に適する。

充電式インパクトドライバの各部名称

❶ スリーブ（丸筒）

❷ ビット

（ビットには、ドライバビット、鉄工・木工ドリルビット、ソケットビット等がある）

❸ LED ライト

❹ 電源スイッチ（引くと始動し、放すと止まる）

❺ 正・逆転切替スイッチ（正転で締め、逆転で緩めることができる）

❻ グリップ（使用時には、ここを右手で握る）

❼ バッテリボタン（このボタンを下げながらバッテリを取り外す）

❽ バッテリ

❾ ハンドストラップ（作業中は、ここに手を通して使用する）

❿ ベルトフック（ベルトに本体を引っ掛けるためのフックである）

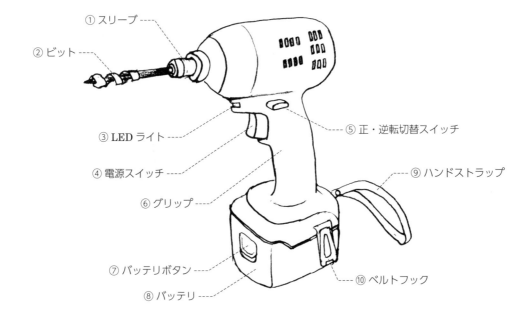

① スリーブ
② ビット
③ LED ライト
④ 電源スイッチ
⑥ グリップ
⑦ バッテリボタン
⑧ バッテリ
⑤ 正・逆転切替スイッチ
⑨ ハンドストラップ
⑩ ベルトフック

03

③ 木を彫る技
（インパクトドライバを用いたほぞ穴あけ）

Level ★★★☆☆

[目 的]　インパクトドライバを使用し、部材に印したほぞ穴を所定の深さとなるようにあけること。

第1講　建築大工の基礎知識

準備するもの

❶ 充電式インパクトドライバ本体（1台）
❷ バッテリー（2個）
❸ 充電器（1台）
❹ ビット（木工ドリルビット、1本）
❺ 部材（長さ700mm程度×幅90mm×成90mm、1本）
❻ 作業台（長さ300mm×幅105mm×成105mm、2本）
❼ 合板（厚さ12mm×幅910mm×長さ1820mm、1枚）

作業手順

01 本体を台に置いて寝かせ、スリーブを引き出した状態でビットを差し込む。奥まで差し込んだらスリーブを放す

Point ≫
ビットの取付け・取外しは、事故防止のために、バッテリを抜いた状態で行う。

1

木工ドリルビット

スリーブ

スリーブを引き出す

ビット

02 回転方向を正転に切り替える。ほぞ穴の芯墨にビットを当て、ビットの倒れを確認する

Point ≫
ビットの先が芯墨の位置から離れないように本体を両手で押し付ける。

2

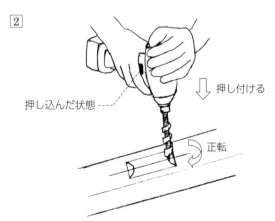

押し込んだ状態

押し付ける

正転

03 最初は電源スイッチを少しだけ引き、低速回転させて穴をあける。ビットが安定したら、電源スイッチをさらに引き、高速回転させて穴をあける

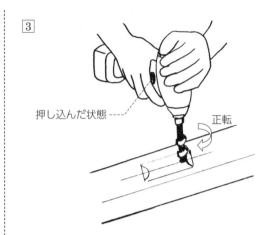

③

押し込んだ状態 ----

正転

04 所定の深さまでビットが到達したら、回転方向を逆転に切り替える。電源スイッチを引き、ビットを逆回転させて部材から引き抜く

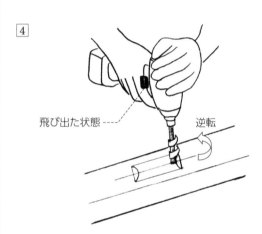

④

飛び出した状態 ----

逆転

05 ほぞ穴の他の位置にビットを移動し、**02** 〜 **04** の作業を繰り返して穴をあける

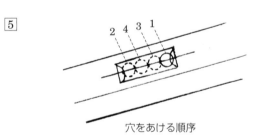

⑤

2　4　3　1

穴をあける順序

03

4 木を削る技（鉋削り）

[目 的]　木材の表面を薄く削り取り、平滑にすること。

準備するもの

❶ 鉋（平鉋、寸八・寸六、各1台）
❷ 部材（長さ700mm程度×幅45mm×成60mm、1本）
❸ 作業台（バイスピン付き、1台）
❹ 止め板（1枚）

作業手順

01 作業台のバイスピンに止め板をかけ、止め板の側面に部材が当たるように置く

1

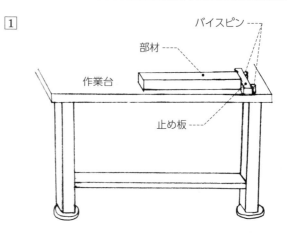

02 右手は鉋の台尻と甲穴の中間くらいの位置をしっかりと握る

2

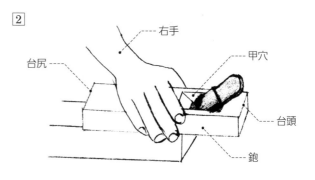

03 左手は鉋身の頭の丸くつ
つみ込むように軽く握る

かんなみ

> **Point »**
> 削り始めは、鉋身の切刃を部材端部より出し、鉋の台尻が木材の削り面から離れないよう引く。

③

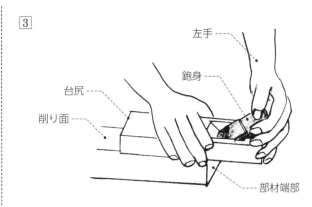

左手
鉋身
台尻
削り面
部材端部

04 左足は前方に出し、右足
は後方に下げ、下半身に
力を入れる

> **Point »**
> 右手は鉋の台尻を部材に押し付け、左手は鉋を手前に一気に引っ張る。

④

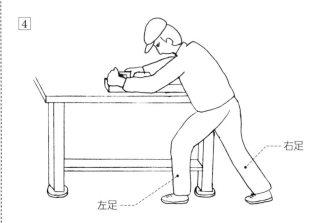

右足
左足

05 削り始めは左足に重心を
かけ、後方へ引くと同時
に右足に重心が移動する
ようにする

> **Point »**
> 削り終わりは、部材端部まで、鉋の台頭が木材の削り面から離れないよう引く。

⑤

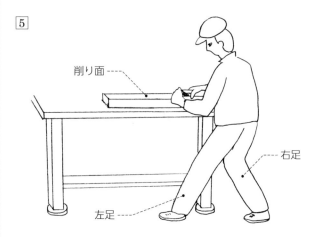

削り面
右足
左足

01 さしがねの各部名称

[**用　途**]　長さの測定、墨付け、分割や勾配などの計算を行う。
[**サイズ**]　長い辺の長さは 520mm 程度、短い辺の長さは 260mm 程度幅 15mm、厚さ 1mm
　　　　　程度、目盛りは 1mm 間隔
[**材　質**]　ステンレス製

さしがねの各部名称

❶ 長手（長い辺、50cm の目盛りが 1mm ごとに刻まれている）
❷ 妻手（短い辺、25cm の目盛りが 1mm ごとに刻まれている）
❸ 矩手（長手と妻手の接合部）

※さしがねは、指矩・指曲・指金とも書く。また、さしがねはその形状からかねじゃくともいい、曲尺・矩尺とも書き、あるいはまがりがね・まがりじゃくなど、色々な呼び名がある。

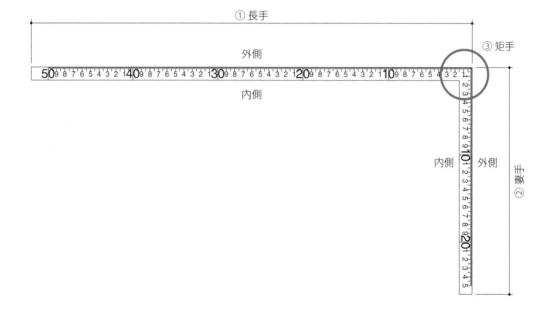

02 さしがねの表目と裏目の関係

　さしがねの長手を水平にして、妻手が右下にくるように置いたときに見える面を、さしがねの表という。さしがねの表に対して反対の面を、さしがねの裏という。

　さしがねの表と裏には、各種の目盛りが刻まれている。

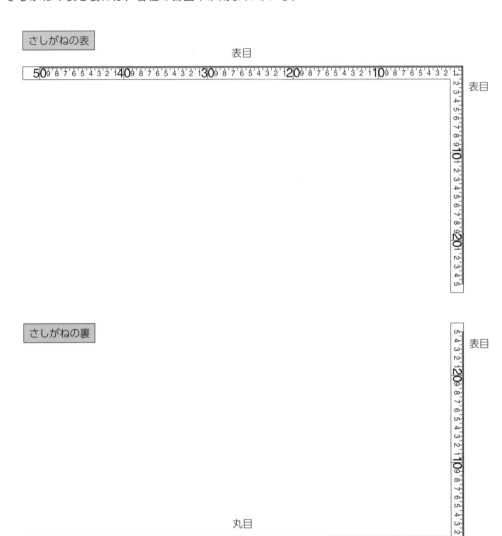

さしがねの表

表目

さしがねの裏

丸目

裏目

(1) さしがねの表の目盛り

　長手には 50cm、妻手には 25cm の長さがメートル法にもとづく目盛りで刻まれている。これを一般に表目という。

(2) さしがねの裏の目盛り

　長手の外側に刻まれている目盛りを裏目といい、内側に刻まれいる目盛りを丸目（円の円周の長さを知ることのできる目盛り）という。また、妻手には 25cm の長さがメートル法にもとづく目盛りで刻まれいる。

　裏目は表目の $\sqrt{2}$ 倍（約 1.414 倍）の目盛りで刻まれている。すなわち、裏目 1cm は、下図のように一辺の長さを 1cm とした正方形 abcd の対角線 ac の長さに相当する。

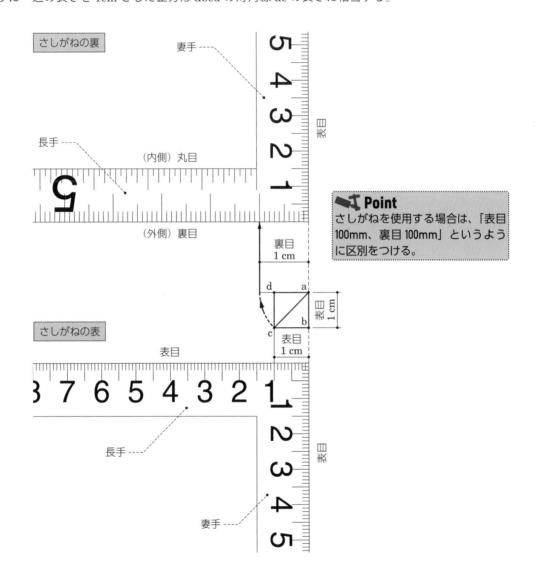

> **Point**
> さしがねを使用する場合は、「表目100mm、裏目100mm」というように区別をつける。

03 勾配の表し方

　勾配は、屋根の流れなどの傾斜の程度をいい、直角三角形における基準水平長さ 10cm に対する立上りの寸法で表す。

　基準水平長さ 10cm に対して立上りの寸法を 5cm とした場合、この勾配を $\frac{5}{10}$ 勾配という。

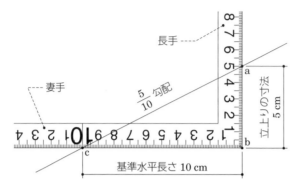

　また、さしがねの向きを反対にし、基準水平長さを 10cm、立上りの寸法を 5cm した場合も、$\frac{5}{10}$ 勾配となる。このとき、さしがねの長手に引く線 cd を平勾配といい、妻手に引く線 de を平の返し勾配という。

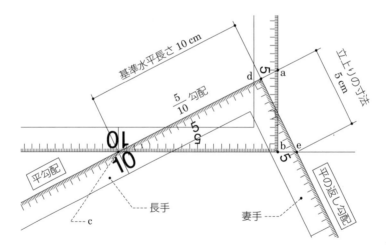

04

勾配の名称

(1) 勾・殳・玄

さしがねの使用法では、直角三角形の各辺を勾（高さのこと、立上り・立水ともいう）、殳（底辺のこと、陸または陸水ともいう）、玄（斜辺のこと、勾配または延びがねともいう）という。

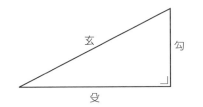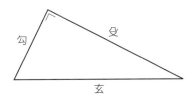

さらに直角三角形を細かく分割し、中勾・長玄・短玄・欠勾・小中勾などの名称がつけられている。

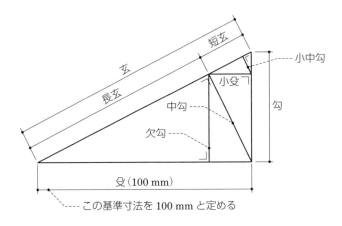

この基準寸法を 100 mm と定める

（2）各勾配の求め方

中勾・欠勾・短玄・小中勾の勾配、半勾配、矩勾配は、次のようにして求める。

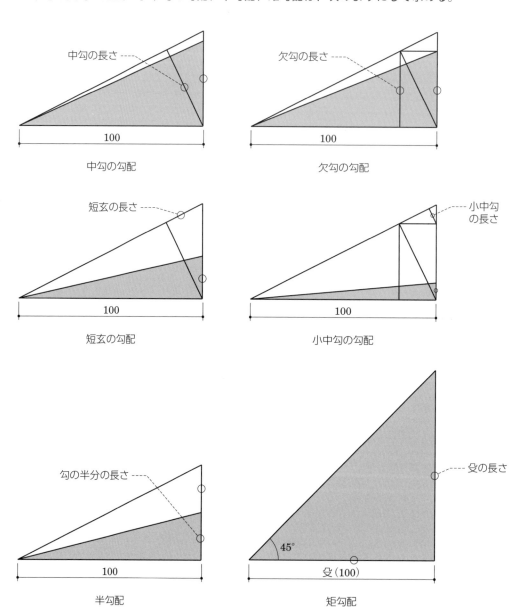

中勾の勾配

欠勾の勾配

短玄の勾配

小中勾の勾配

半勾配

矩勾配

05
<ruby>隅<rt>すみ</rt></ruby> <ruby>勾<rt>こう</rt></ruby> <ruby>配<rt>ばい</rt></ruby>

　寄棟造りの屋根において、屋根の四隅の稜線（<ruby>稜線<rt>りょうせん</rt></ruby>）に沿って下る棟を降り棟といい、この部分に使われる勾配を隅勾配（<ruby>隅勾配<rt>すみこうばい</rt></ruby>）という。

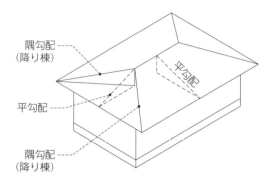

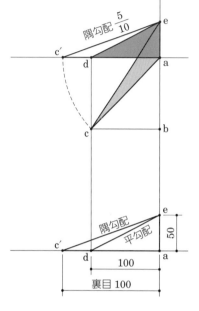

　右図において、線 da を 100mm、線 ea を 50mm に取ると、線 ed の勾配は $\frac{5}{10}$ 勾配となる。これを $\frac{5}{10}$ の平勾配という。このとき、e 点から c 点に斜線を引くと、線 ec′ の勾配線ができ、これを $\frac{5}{10}$ の隅勾配という。

　線 ac は線 ad の $\sqrt{2}$ 倍（1.414 倍）となり、裏目の 100mm に相当する。

　さしがねを使用して $\frac{5}{10}$ の隅勾配を求めるには、長手に平勾配の攴の長さの裏目 100mm、妻手に平勾配の勾である 50mm を取り、長手側に線を引けば隅勾配となる。

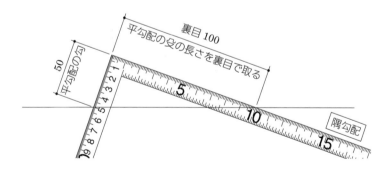

06　2級建築技能検定の実技試験で使用する勾配

2級建築大工技能の実技試験の課題製作において、使用する主な勾配は以下の通りである。

使用する主な勾配の一覧表

部材名	平の返し勾配	中勾勾配 中勾の返し勾配	短玄の返し勾配
柱	○		
桁	○		
梁			
左振たる木		○	○
右振たる木		○	○
右屋根筋かい			○
左屋根筋かい			○

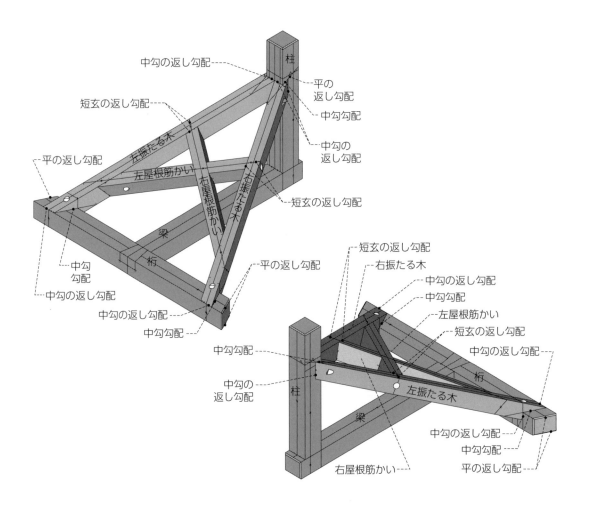

第 **2** 講

ペーパークラフトの作成

☑ 令和4年度から変更となった2級建築大工実技試験の課題は非常に複雑で、課題図を一見して部材の形状や取合い部を把握するのは難しい。
そのため本講では、実技作業に取り掛かる前に1/2の模型（ペーパークラフト）を製作してみる。
手軽に作成でき、課題の全体像を実感することができるので、以降の実技作業をスムーズに進めることができる。
※ 課題図から部材の形状が理解できる場合は、本章を飛ばしてもかまわない。

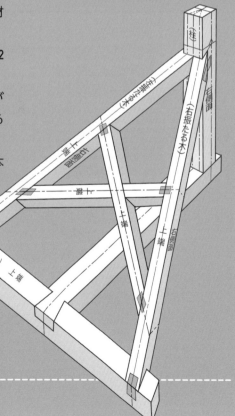

2-01

ペーパークラフト作成の準備

[目 的] 縮尺1/2の2級実技課題の模型（ペーパークラフト）を製作するための材料、道具などを準備する。

準備するもの

❶ B4 サイズのコピー用紙（3枚）

1. 本書掲載の型紙を利用する場合

　次ページから掲載している「ペーパークラフトの型紙①②③」を、B4 のコピー用紙大に拡大してコピーを取る。

2. ダウンロードデータを利用する場合

　オーム社の Web ページより「ペーパークラフトの型紙①②③」のデータをダウンロード（詳しくは p.viii【ダウンロードデータについて】を参照）し、B4 のコピー用紙に印刷する。さらに、印刷した用紙を、コピー機で B4 サイズの厚紙またはケント紙に 100% の等倍コピーを取る。

❷ B4 サイズの厚紙またはケント紙（3枚）

❸ はさみ（1本）

❹ カッターナイフ（1本）

❺ カッターマット（1枚）

❻ マスキングテープまたはドラフティングテープ（1本）：粘着力が弱いテープで、部材同士を仮止めするときに使う。

❼ 定規（30cm程度、1本）：ステンレスエッジ付き、または金属製のもの。

❽ スティックのり（1本）

完成図

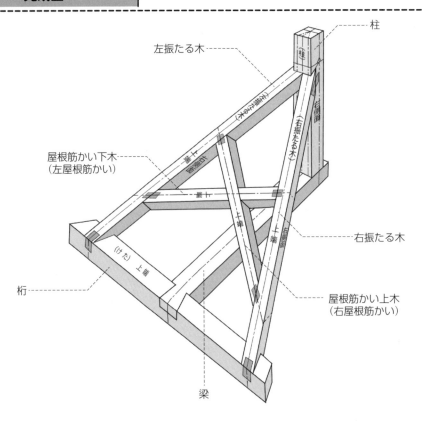

ペーパークラフトの型紙①

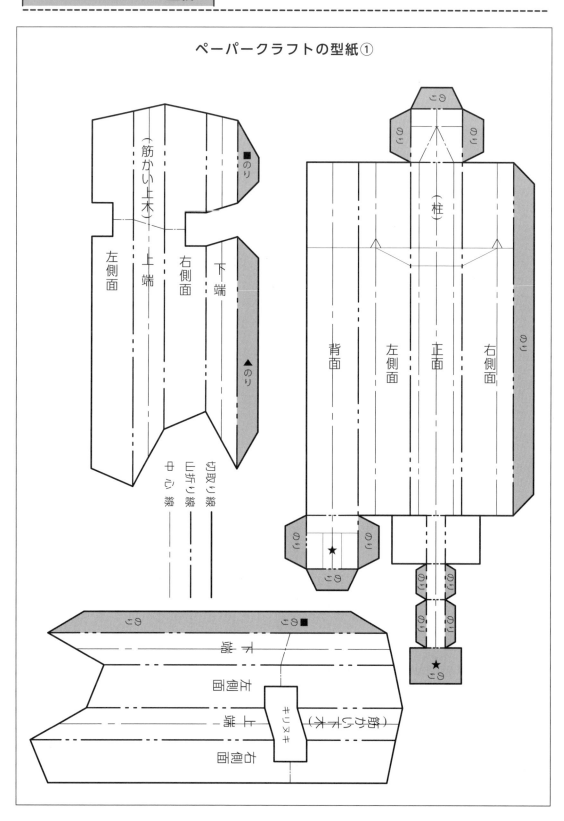

ペーパークラフトの型紙②

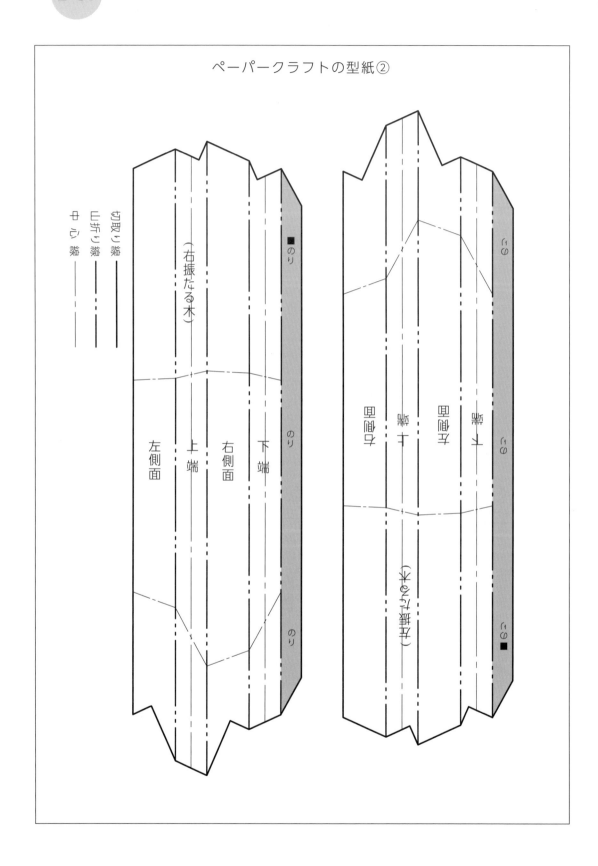

切取り線 ————
山折り線 —·—·—
中心線 ————

（右振たる木）

左側面　上端　右側面　下端

のり　のり　のり

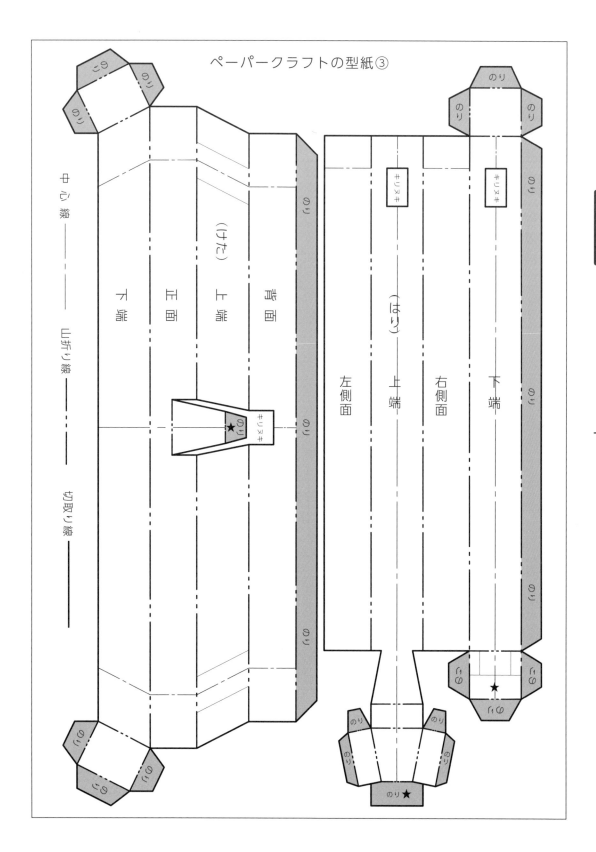

ペーパークラフトの型紙③

中心線 ————

山折り線 —·—·—

切取り線 ————

背面　正面　上端　（けた）　下端

左側面　上端　（はり）　右側面　下端

のり　のり　のり　キリヌキ　キリヌキ

部品の切取り・のり付け・組立て

[本節の目的] 縮尺1/2の2級実技課題のペーパークラフトを製作し、部材の形状や取合い部を把握すること。

切取り

---

01 ▶ 部品の折り筋

1. 紙を折る前に、カッターナイフの**刃の背**で折り筋をつける。

2. カッターナイフの刃の背を定規に沿わせて、紙の表面を切るようなつもりで、力を入れすぎずに引く。

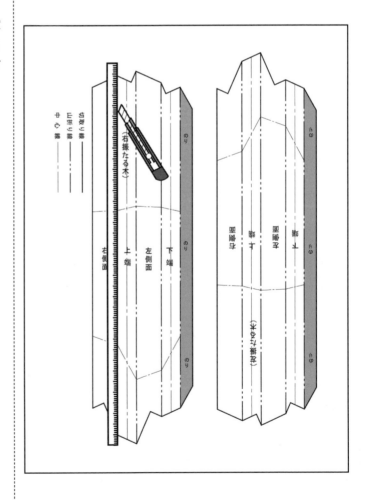

02 部品の切取り

1. 型紙②は、はさみまたはカッターナイフで、切取り線に沿うように切り取る。

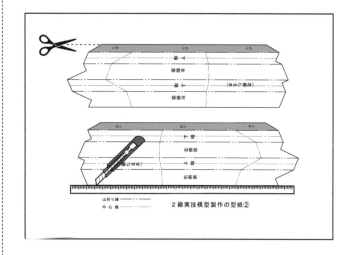

2. 型紙①及び型紙③は、部品の内側にある「**キリヌキ**」を先にカッターナイフで切り抜く。

3. 型紙①及び型紙③は、○で囲んだ部分をしっかり切り込む。

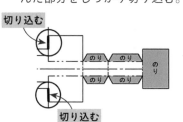

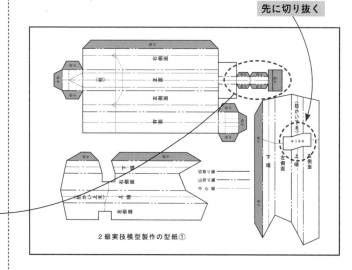

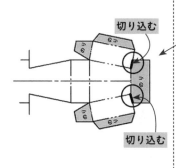

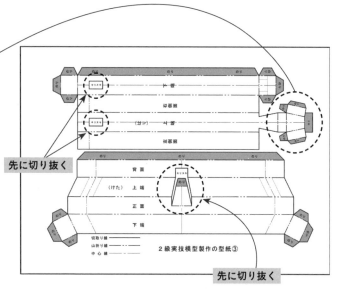

第2講　ペーパークラフトの作成

のり付け

01 屋根筋かい・振たる木

1. 右屋根筋かいの部品をテーブルの上で、〇印の角が重なるようにのり（糊）を付ける。

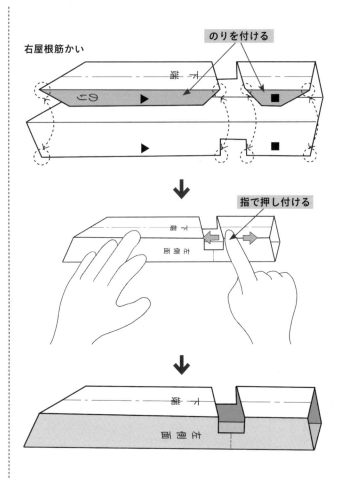

右屋根筋かい

のりを付ける

指で押し付ける

2. のりを付けた部分（■・▲）を、指でしっかりと押し付ける。

3. のりが乾いたのち、右屋根筋かいの上部・下部を開いて、筒状に仕上げる。

4. 左屋根筋かいも、同様の手順で仕上げる。

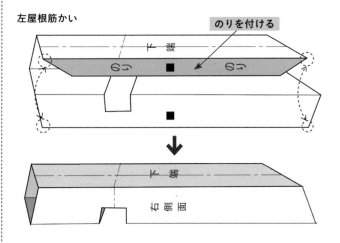

左屋根筋かい

のりを付ける

※右振たる木及び左振たる木についても、1.～3.の作業を行う。

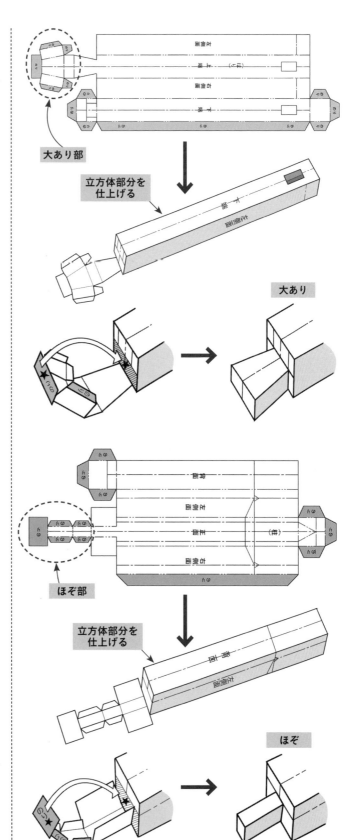

02 ▶ は り

1. はりは、「大あり部」を除く部分にのりを付けて、直方体を仕上げる。

2. 大あり部の★印が重なり合うように糊を付けて、大ありを仕上げる。

03 ▶ 柱

1. 柱は、「ほぞ部」を除く部分に糊を付けて、直方体を仕上げる。

2. ほぞ部の★印が重なり合うように糊を付けて、ほぞを仕上げる。

04 け た

1. けたは、「あり欠き部」の★印が型紙の裏の☆に重なり合うようにのりを付けて、あり欠きを仕上げる。

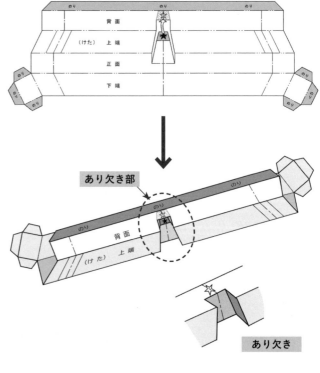

あり欠き部

あり欠き

2. あり欠き部を除く部分にのりを付けて、全体を仕上げる。

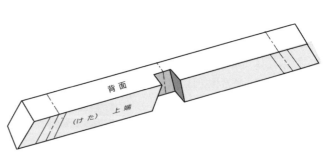

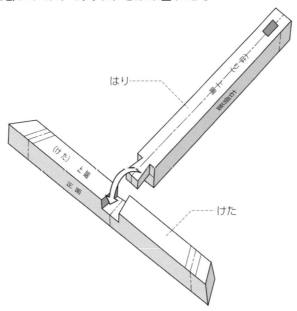

組立て

01 けたのあり欠き部に、はりの大ありをはめ合わせる

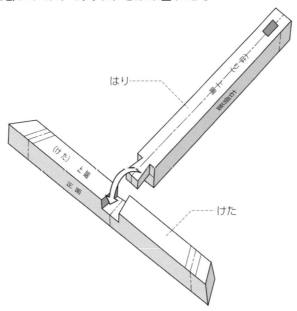

02 はりのほぞ孔に、柱のほぞを差し込む

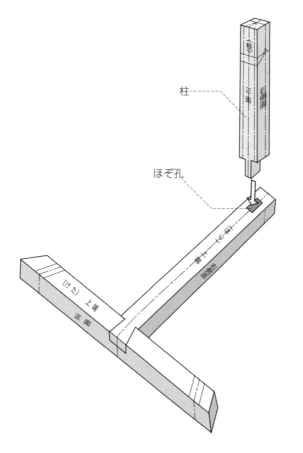

03 左右の振たる木の上部を、柱に示された振たる木の勾配線に合うように取り付けて、マスキングテープまたはドラフティングテープで固定する **A部を参照**

04 左右の振たる木の下部の芯墨を、けたに示された振たる木の芯墨に合うように取り付けて、マスキングテープまたはドラフティングテープで固定する **B・C部を参照**

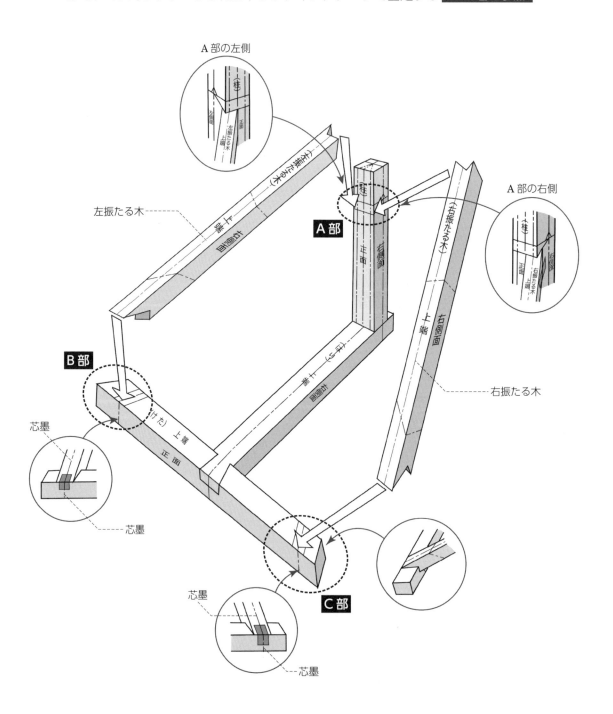

手順 1. 〜 4. までの完成形

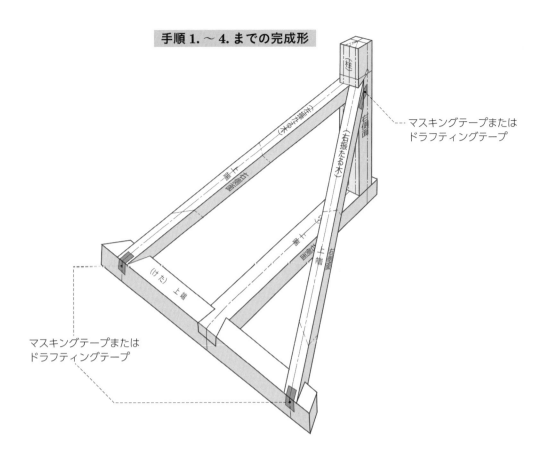

マスキングテープまたは
ドラフティングテープ

マスキングテープまたは
ドラフティングテープ

05 屋根筋かい下木の相欠きに、屋根筋かい上木の相欠きをはめ合わせる

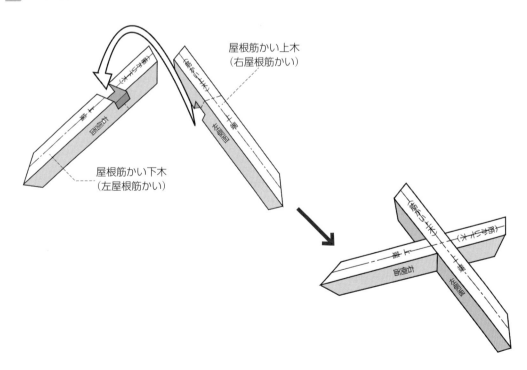

屋根筋かい上木
（右屋根筋かい）

屋根筋かい下木
（左屋根筋かい）

06 屋根筋かい下木の相欠きに、屋根筋かい上木の相欠きをはめ合わせる **A・B 部を参照**

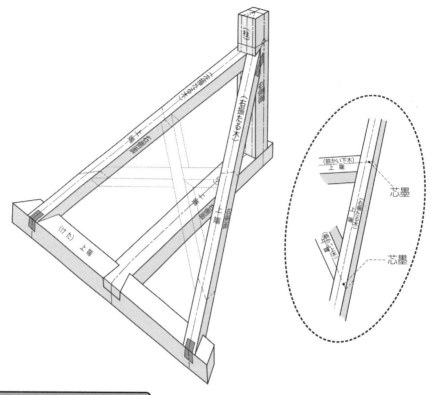

芯墨

芯墨

完成図

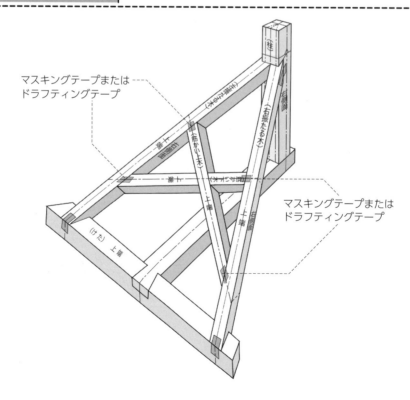

マスキングテープまたは
ドラフティングテープ

マスキングテープまたは
ドラフティングテープ

2級建築大工技能の実技

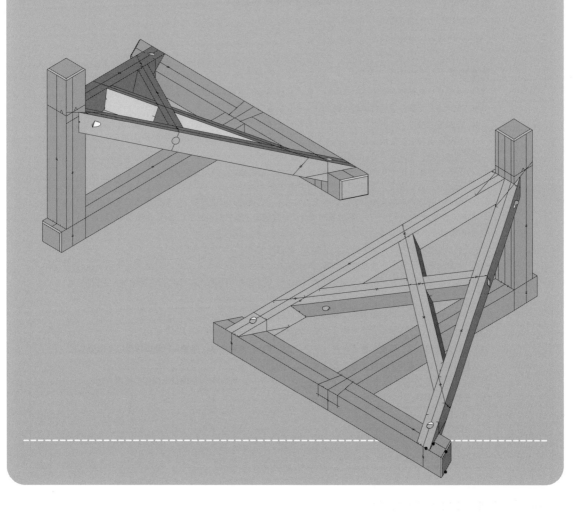

禁 転 載 複 製　(B42) －4　　　　　　　　　　　　「中央職業能力開発協会編」

令和4年度 技能検定
2級 建築大工（大工工事作業）
実技試験問題

　次の注意事項、仕様及び課題図に従って、現寸図の作成、木ごしらえ、墨付け及び加工組立てを行い
なさい。

1　試験時間
　　　標準時間　　　3時間30分
　　　打切り時間　　3時間45分

2　注意事項
　　(1)　支給された材料の品名、数量等が「4 支給材料」に示すとおりであることを確認すること。
　　(2)　支給された材料に異常がある場合は、申し出ること。
　　(3)　試験開始後は、原則として、支給材料の再支給をしない。
　　(4)　使用工具等は、使用工具等一覧表で指定した以外のものは使用しないこと。
　　(5)　試験中は、工具等の貸し借りを禁止する。
　　　　　なお、持参した工具の予備を使用する場合は、技能検定委員の確認を受けること。
　　(6)　作業時の服装等は、安全性、かつ作業に適したものであること。
　　　　　なお、作業時の服装等が著しく不適切であり、受検者の安全管理上、重大なけが・事故につ
　　　　ながる等試験を受けさせることが適切でないと技能検定委員が判断した場合、試験を中止（失格）
　　　　とする場合がある。
　　(7)　標準時間を超えて作業を行った場合は、超過時間に応じて減点される。
　　(8)　作業が終了したら、技能検定委員に申し出ること。
　　(9)　提出する現寸図及び製品(墨付け工程において提出が指示された部材)には、受検番号を記載
　　　　すること。
　　(10)　現寸図が完成したら提出し、木ごしらえに移ること。
　　(11)　振たる木は、所定のくせを取った後、墨付けをして提出検査を受けること。
　　(12)　**この問題には、事前に書込みをしないこと。また、試験中は、持参した他の用紙にメモをし**
　　　　たものや参考書等を参照することは禁止とする。
　　(13)　試験場内で、携帯電話、スマートフォン、ウェアラブル端末等の使用(電卓機能の使用を含む。)
　　　　を禁止とする。

－1－建大－2

3　仕様

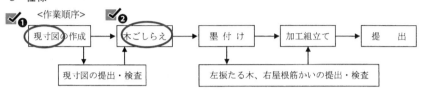

<作業順序>

☑❶

現寸図の作成 → 木ごしらえ ☑❷ → 墨付け → 加工組立て → 提　出

現寸図の提出・検査

左振たる木、右屋根筋かいの提出・検査

<指定部材の墨付け提出順序>　**提出順序は、厳守すること。**

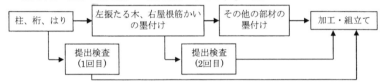

柱、桁、はり → 左振たる木、右屋根筋かいの墨付け → その他の部材の墨付け → 加工・組立て

提出検査（1回目）

提出検査（2回目）

(1)　現寸図の作成(現寸図配置参考図参照)

　　ア　現寸図は、用紙を横に使用し、下図に示す平面図、左振たる木、右屋根筋かいの現寸図及び基本図を作成する。

　　　　なお、左振たる木、右屋根筋かいについては、各側面に各取り合いに必要な引出し線を平面図より立ち上げ、側面より上ばに展開し描き、提出検査を受けること。

　　　　また、提出した現寸図は、検査終了後に返却するが、検査中は、次の工程(木ごしらえ)に移ってもよいものとする。

　　イ　下図は配置参考図であるが、受検番号については、下図のとおり右下に書くこと。

　　　　また、その他製品の作成に受検者自身で必要と思われる図等は、描いてもさしつかえないものとする。

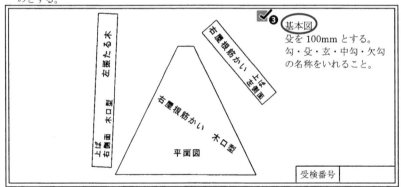

左振たる木　木口型

上ば面　右側面

右屋根筋かい　上ば面　右側面

右屋根筋かい　木口型

平面図

☑❸ 基本図
殳を 100mm とする。
勾・殳・玄・中勾・欠勾
の名称をいれること。

受検番号

(2)　木ごしらえ　❹☑

　　ア　部材の仕上がり寸法は、次のとおりとすること。

(単位：mm)

番号	部材名	仕上がり寸法(幅×成)	番号	部材名	仕上がり寸法(幅×成)
①	柱	50×50	④	振たる木	30×現寸図による
②	桁	50×45	⑤	屋根筋かい	30×40
③	はり	50×45			

－2－建大－2

チェックポイント

☑❶ 現寸図
1/1 の尺度で描いた図面をいう。

☑❷ 木ごしらえ
各部材の支給材料を墨付けができる規定の寸法まで鉋（かんな）で削ることをいう。

☑❸ 基本図
水平の長さを 100mm、立上りの長さを 50mm として表した直角三角形をいう。

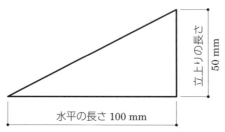

☑❹ 部材の仕上がり寸法
柱・桁（けた）・はり・屋根筋かいの仕上がり寸法は、支給時の寸法と比較すると、幅および成の寸法が 1.5mm 小さくなる。振（ふれ）たる木の仕上がり寸法は、現寸図を描くことで求まる。

部材名	仕上がり寸法（幅×成）
振たる木	46.94 mm × 30 mm p.106 を参照

イ ☑⑤ 振たる木のくせ及び寸法は、現寸図によって木ごしらえをすること。☑⑥

ウ 各部材は、4面共かんな仕上げとすること。

エ 振たる木を除く部材は、直角に仕上げること。

(3) 墨付け(課題図参照)

ア 各部材両端は、切墨を入れること。

イ 加工組立てに必要な墨はすべて付け、墨つぼ及び墨さしで仕上げること。

ウ けびきによる線の上から墨付けを行うことは禁止とする。

☑⑦ (部材の両端にマーキングを行う場合のみ可)

エ 平勾配は、5/10勾配とすること。

オ 材幅芯墨は、墨打ちとし、柱4面(課題図参照)、はり、振たる木、屋根筋かいは、上ば下ば
の2面に入れること。

カ 振たる木、屋根筋かいは、現寸図に基づき墨付けをすること。

キ 各取合いは、課題図に基づき墨付けをすること。

(4) 加工組立て

ア 加工組立ての順序は、受検者の任意とすること。

イ 加工組立ては、課題図に示すとおりに行うこと。

ウ 各取合いは、課題図のとおりとすること。 ☑⑧

エ 取合い部を除くすべての木口は、かんな仕上げ、面取りはすべて糸面とする。

オ ☑⑨ 振たる木は、柱に突き付け外側面から、桁に突き付け上ばより各くぎ1本止めとすること。

カ ☑⑩ 屋根筋かいは、上部は振たる木側面から、☑⑩ 下部は屋根筋かい側面より振たる木に各くぎ1本
止めとすること。

キ 埋木等は行わないこと。

(5) 作品は、材幅芯墨及び取合い墨を残して提出すること。

4 支給材料

(単位：mm)

番号	品　　　名	寸法又は規格	数量	備　　　考
①	柱	500×51.5×51.5	1	
②	桁	700×51.5×46.5	1	
③	はり	620×51.5×46.5	1	
④	振たる木	720×31.5×48.5	2	
⑤	屋根筋かい	480×31.5×41.5	2	
⑥	くぎ	50	11	振たる木－柱　2本 振たる木－桁　2本 屋根筋かい－振たる木　2本
⑦		65	2	振たる木－屋根筋かい　2本
⑧	削り台止め(胴縁)	300×45×15程度	1	削り加工使用可
⑨	現寸図作成用紙	ケント紙(788×1091)	1	
⑩	メモ用紙		1	

－3－建大－2

☑❺振たる木のくせ
ふれ

振たる木の切断面を長方形から平行四辺形にすることをいう。

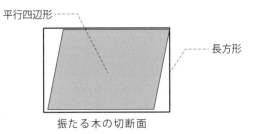

平行四辺形 ┈┈┈

┈┈┈ 長方形

振たる木の切断面

☑❻4面共 鉋 仕上げ
ともかんな

鉋を使用して部材の上端面・下端面・右側面・左側面の4面を平らに仕上げることをいう。

☑❼ 部材の両端にマーキング

毛引きを使用して部材の木口に、マークを付けることをいう。

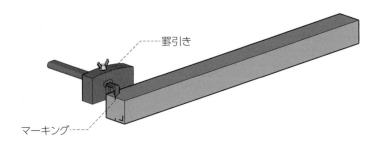

┈┈ 罫引き

マーキング ┈┈┈┈

☑❽ 糸面
いとめん

部材の角を鉋で削り、1〜2mm 程度の面を取ることをいう。
かど

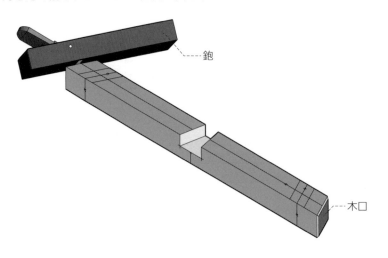

┈┈ 鉋

木口

☑❾ 突き付け

部材の加工を施さずに、部材を突き合わせて接合することをいう。

☑❿ 屋根筋かいの上部、下部

屋根筋かいを加工した端部において、鈍角に加工した側を上部といい、鋭角に加工した側を下部という。

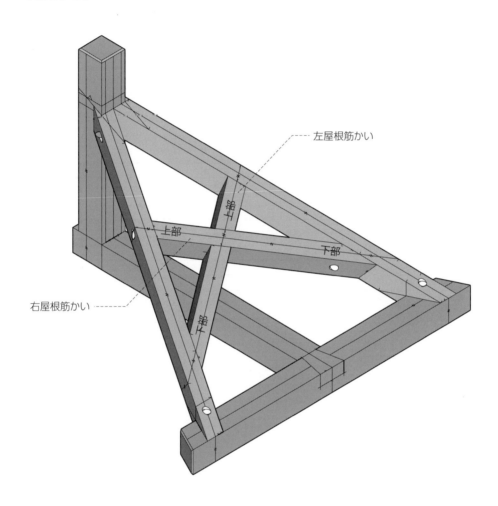

左屋根筋かい

右屋根筋かい

上部

上部

下部

下部

第**3**講

2級建築大工技能の実技

2級 建築大工実技試験 使用工具等一覧表

1 受検者が持参するもの

品 名	寸法又は規格	数量	備 考
さ し が ね	小、大	各1	
墨 さ し		適宜	
墨 つ ぼ		適宜	黒墨のものとする
か ん な	荒、中、仕上げ	適宜	
の み		適宜	
の こ ぎ り		適宜	
コードレスドリル (インパクトドリルも可)	きりの本数及び太さは適宜	1	穴掘り、きり用
げ ん の う	小、大	適宜	
あ て 木		1	あて木として以外の使用は不可とする
か じ や (バ ー ル)		1	
け び き		適宜	固定したものは不可とする
ま き が ね (スコヤ)		1	
く ぎ し め		1	
はねむし(くぎ・ビス)	削り材、削り台止め用	適宜	
三 角 定 規		適宜	勾配定規は不可とする
直 定 規	1m程度	1	
自 由 が ね		適宜	固定したものは不可とする 勾配目盛り付きのものは不可とする
電子式卓上計算機	電池式(太陽電池式含む)	1	関数電卓不可
鉛筆及び消しゴム		適宜	シャープペンシルも可
し ら が き		1	カッターナイフも可
養 生 類	タオル、すべり止め等	適宜	持参は任意とする
画 鋲 類		適宜	テープも可 持参は任意とする
作 業 服 等		一式	大工作業に適したもの 上履き含む
飲 料		適宜	水分補給用

(注) 1. 使用工具等は、上記のものに限るが、すべてを用意しなくてもよく、また、同一種類のものを予備として持参することはさしつかえない。
　　　　なお、充電式工具を持参する場合は、予め充電しておくこととし、バッテリーの予備の持参も可とする。
　　　2. 「飲料」については、各自で試験会場の状況や天候等を考慮の上、持参すること。

2 試験場に準備されているもの

(数量は、特にことわりがない場合は、受検者1名当たりの数量とする。)　　　　　　　　(単位：mm)

品 名	寸法又は規格	数量	備 考
削 り 台		1	
作 業 台	300×105×105程度	2	
合 板	910×1820×12程度	1	作業床保護用 現寸図作成用下敷兼用
清 掃 道 具		適宜	
バ ケ ツ		適宜	水が入れてある

－4－建大－2

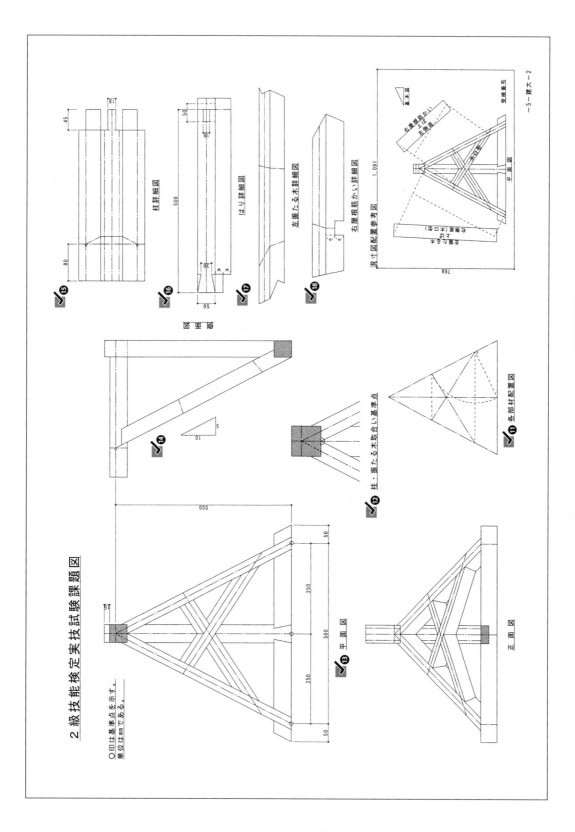

✓ ❶ 各部材配置

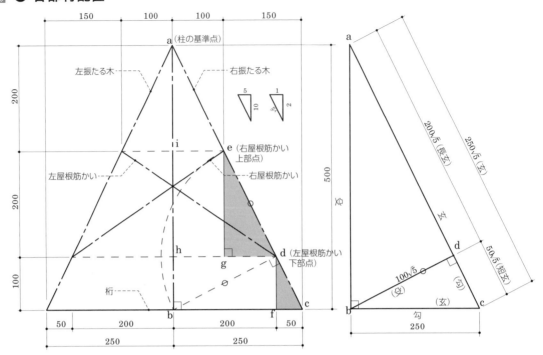

01 平面上の柱の基準点 a から右振たる木下部点 c までの長さを求める

1. $\frac{5}{10}$ 勾配表示は $\frac{1}{2}$ 勾配表示と等しいので、$\frac{1}{2}$ 勾配の直角三角形の 3 辺の比は、三平方の定理より、$1 : 2 : \sqrt{5}\ (= \sqrt{1^2 + 2^2})$ となる。

2. △ abc に着目すると、点 b から点 c の鉛直距離（勾）250mm に対する、点 a から点 c までの斜辺の距離（玄）は、

$1 : \sqrt{5} = 250 : \overline{ac}$、$1 \times \overline{ac} = \sqrt{5} \times 250$ より、$\overline{ac} = 250\sqrt{5}$ mm となる。

02 平面上の右屋根筋かい下部点 d から右振たる木下部点 c までの長さを求める

1. △ bdc、△ abc に着目すると、2 つの角が等しいので、△ bdc と△ abc は相似となる。

2. △ bdc に着目すると、$\frac{5}{10}$ または $\frac{1}{2}$ 勾配表示より、点 b から点 c の斜辺の距離（玄）250mm に対する、点 d から点 c までの鉛直距離（勾）は、

$1 : \sqrt{5} = \overline{dc} : 250$、$1 \times 250 = \sqrt{5} \times \overline{dc}$ より、

$\overline{dc} = \frac{250}{\sqrt{5}} = \frac{250 \times \sqrt{5}}{\sqrt{5} \times \sqrt{5}} = \frac{250 \times \sqrt{5}}{5} = 50\sqrt{5}$ mm となる。

3. △ bdc に着目すると、点 d から点 c までの鉛直距離（勾）$50\sqrt{5}$ mm に対する、点 b から点 d までの水平距離（殳）は、

$1 : 2 = 50\sqrt{5} : \overline{bd}$、$1 \times \overline{bd} = 2 \times 50\sqrt{5}$ より、$\overline{bd} = 100\sqrt{5}$ mm となる。

※△ abc に着目すると、点 a から点 d までの長玄の長さは、$\overline{ad} = \overline{ac} - \overline{dc} = 250\sqrt{5} - 50\sqrt{5}$ $= 200\sqrt{5}$ mm となり、点 d から点 c までの短玄の長さは、$\overline{dc} = 50\sqrt{5}$ mm となる。

03 平面上の右屋根筋かい上部点 e から左屋根筋かい下部点 d までの長さを求める

点 e から点 d までの長さは、点 b から点 d までの長さと等しいので、$\overline{ed} = \overline{bd} = 100\sqrt{5}$ mm となる。

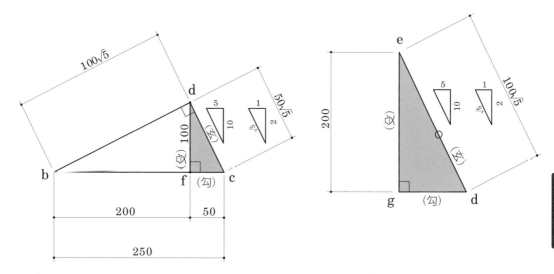

04 平面上の点 d から点 f の長さを求める

1. △dfc に着目すると、$\frac{5}{10}$ または $\frac{1}{2}$ 勾配表示より、点 d から点 c の斜辺の距離（玄）50 $\sqrt{5}$ mm に対する、点 f から点 c までの鉛直距離（勾）は、

$1 : \sqrt{5} = \overline{fc} : 50\sqrt{5}$、$1 \times 50\sqrt{5} = \sqrt{5} \times \overline{fc}$ より、$\overline{fc} = \dfrac{50\sqrt{5}}{\sqrt{5}} = 50$mm となる。

2. △dfc に着目すると、点 f から点 c までの鉛直距離（勾）50mm に対する、点 d から点 f までの水平距離（殳）は、

$1 : 2 = 50 : \overline{df}$、$1 \times \overline{df} = 2 \times 50$ より、$\overline{df} = 100$mm となる。

05 平面上の点 e から点 g の長さを求める

1. △egd に着目すると、$\frac{5}{10}$ または $\frac{1}{2}$ 勾配表示より、点 e から点 d までの斜辺の距離（玄）100 $\sqrt{5}$ mm に対する、点 g から点 d までの鉛直距離（勾）は、

$1 : \sqrt{5} = \overline{gd} : 100\sqrt{5}$、$1 \times 100\sqrt{5} = \sqrt{5} \times \overline{gd}$ より、$\overline{gd} = \dfrac{100\sqrt{5}}{\sqrt{5}} = 100$mm となる。

2. △egd に着目すると、点 g から点 d までの鉛直距離（勾）100mm に対する、点 e から点 g までの水平距離（殳）は、

$1 : 2 = 100 : \overline{eg}$、$1 \times \overline{eg} = 2 \times 100$ より、$\overline{eg} = 200$mm となる。

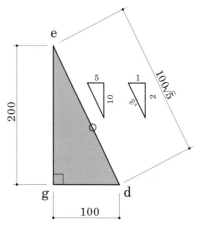

✓ ⑫ 柱・振たる木取合い基準点

01 平面上の柱・振たる木取合い基準点 b から、左右振たる木の中心点 c までの長さを求める

1. △ abc、△ bdc に着目すると、2 つの角が等しいので、△ abc と△ bdc は相似となる。

2. △ bdc に着目すると、$\frac{5}{10}$ または $\frac{1}{2}$ の勾配表示より、点 b から点 d までの水平距離（殳）15mm に対する、点 d から点 c までの鉛直距離（勾）は、

$1 : 2 = \overline{dc} : 15$、$1 \times 15 = 2 \times \overline{dc}$ より、$\overline{dc} = 15 \div 2 = 7.5$mm となる。

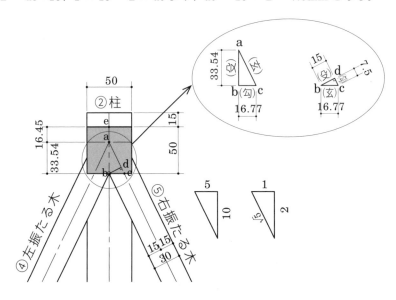

3. △ bdc に着目すると、$\frac{5}{10}$ または $\frac{1}{2}$ の勾配表示より、点 d から点 c の鉛直距離（勾）7.5mm に対する、点 b から点 c までの斜辺の距離（玄）は、

$1 : \sqrt{5} = 7.5 : \overline{bc}$、$1 \times \overline{bc} = \sqrt{5} \times 7.5$ より、$\overline{bc} = \sqrt{5} \times 7.5 = 16.77$mm となる。

02 平面上の柱の基準点 a から柱・振たる木取合い基準点 b までの長さを求める

△ abc に着目すると、$\frac{5}{10}$ または $\frac{1}{2}$ の勾配表示より、点 b から点 c の鉛直距離（勾）16.77mm に対する、点 a から点 b までの水平距離（殳）は、

$1 : 2 = 16.77 : \overline{ab}$、$1 \times \overline{ab} = 2 \times 16.77$ より、$\overline{ab} = 2 \times 16.77 = 33.54$mm となる。

☑ ⑬ 平面図

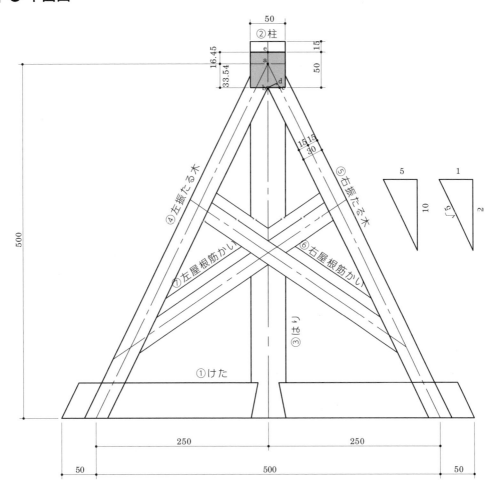

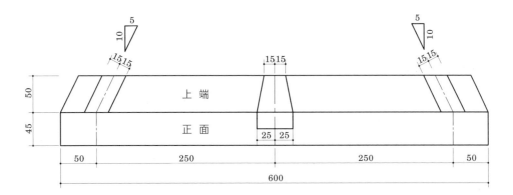

01 けたの長さ（実長）を求める

けたの長さ（実長）は、50 + 250 + 250 + 50 = 600mm となる。

☑ ⓮ 側面図

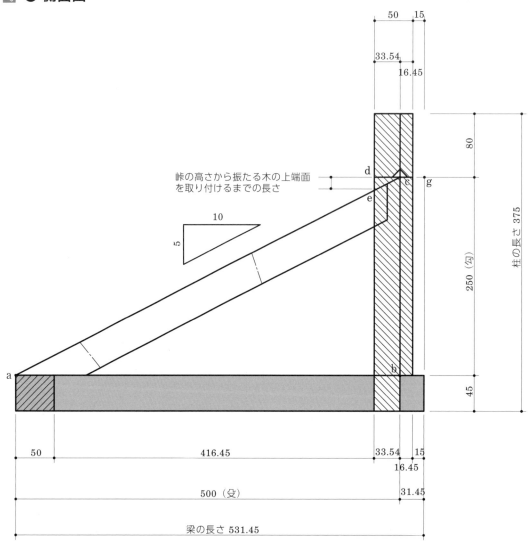

01 柱の長さ（実長）を求める

1. △abc に着目すると、$\frac{5}{10}$ の勾配表示より、点 a から点 b の水平距離（殳）500mm に対する、点 c から点 b の鉛直距離（勾）は、

5：10 ＝ $\overline{cb}$：500、5 × 500 ＝ 10 × $\overline{cb}$ より、$\overline{cb}$ ＝ 2500 ÷ 10 ＝ 250mm となる。

2. 柱の長さ（実長）は、80 ＋ 250 ＋ 45 ＝ 375mm となる。

02 梁の長さ（実長）を求める

1. 点 c から点 g までの長さは、16.45 ＋ 15 ＝ 31.45mm となる。

2. 梁の長さ（実長）は、500 ＋ 31.45 ＝ 531.45mm となる。

☑ ⓯ 柱詳細図

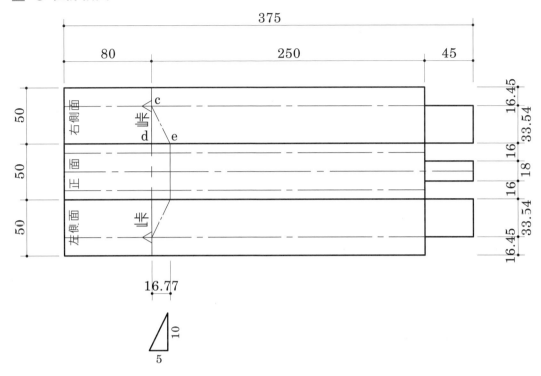

01 峠の高さから振たる木の上端を取付けるまでの長さを求める

峠から振たる木の上端面を取付けるまでの長さ（点 d から点 e の長さ）は、$\frac{5}{10}$ の勾配表示より、点 c から点 d の水平距離（殳）33.54mm に対する、点 d から点 e の鉛直距離（勾）は、$33.54 \times \frac{5}{10} = 16.77$mm となる。

✅ ⓰ はり詳細図

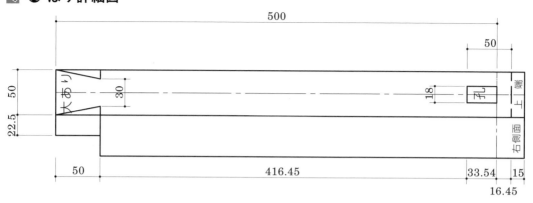

01 孔の位置・大きさを求める

孔は大あり部の先端から 500mm の位置に、幅 18mm・長さ 33.54mm・深さ 45mm の孔である。

✅ ⓱ 左振たる木詳細図

01 左振たる木の幅・成を求める

現寸図（p.84 を参照）により、左振たる木の幅は 30.62mm、成は 40.82mm である。

02 左振たる木の長さ（実長）を求める

左振たる木の長さ（実長）は、現寸図（p.84 を参照）により求める。

☑⑱ 右屋根筋かい詳細図

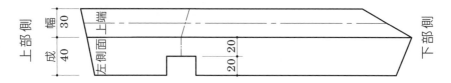

01 右屋根筋かいの幅・成を求める

右屋根筋かいの幅は 30mm、成は 40mm である。

02 右屋根筋かいの長さ（実長）を求める

右屋根筋かいの長さ（実長）は、現寸図（p.84 を参照）により求める。

01 全体の配置

[目　的] 配置参考図を基に、平面図、左振たる木、右屋根筋かいなどの位置を決めること。

準備するもの

❶ シャープペンシルまたは鉛筆（2～3本）

❷ 消しゴム（1個）

❸ 直定規（1m、1本）

❹ 三角定規（大・小、2枚1組）

❺ さしがね（大・小、1本）

❻ 養生テープ（1巻）

❼ 合板（1枚）
　（910mm × 1820mm × 12mm 程度）

❽ ケント紙（788mm × 1091mm、1枚）

❾ 計算機（関数電卓を除く）

作業手順

01 作業用の合板に、ケント紙を養生テープで貼る

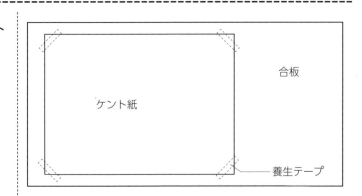

02 ケント紙の左下角 0 から上側に 50mm、500mm の順で寸法を取り、ケント紙の枠線に平行な細い実線を描く

🔧 Point ≫
基準線に対して直角な線は、直定規に三角定規を添え、三角定規をスライドさせながら線を引く。

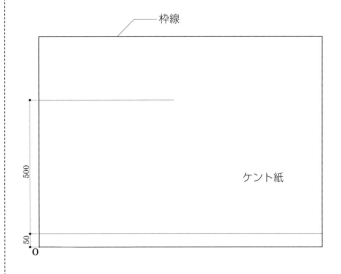

03 ケント紙の左下角 0 から
右側に250mm、250mm、
250mm の順で寸法を取り、
ケント紙の枠線に平行な
細い実線を描く

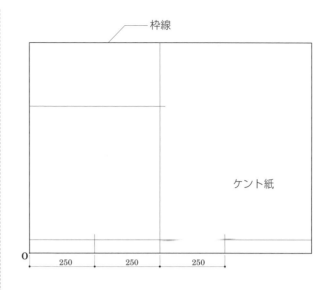

枠線

ケント紙

0 — 250 — 250 — 250

04 平面図を描くときの基準点 O_1 を決める

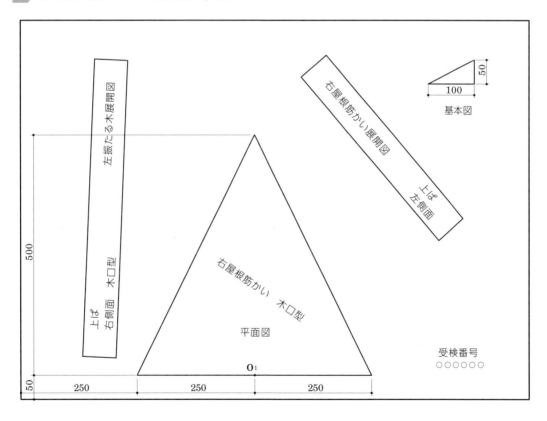

左振たる木展開図

右屋根筋かい展開図

上ば　左側面

基本図

上ば　右側面　木口型

右屋根筋かい　木口型

平面図

O_1

500

50　250　250　250

受検番号
○○○○○○

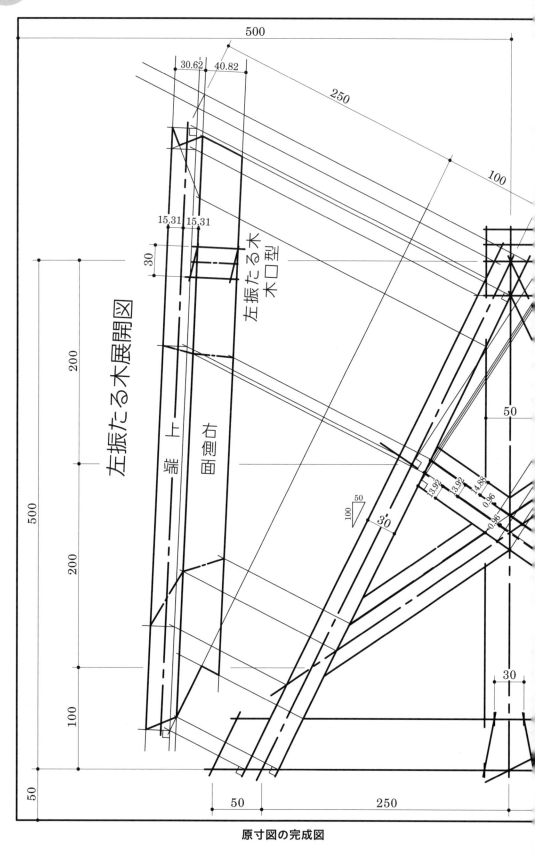

原寸図の完成図

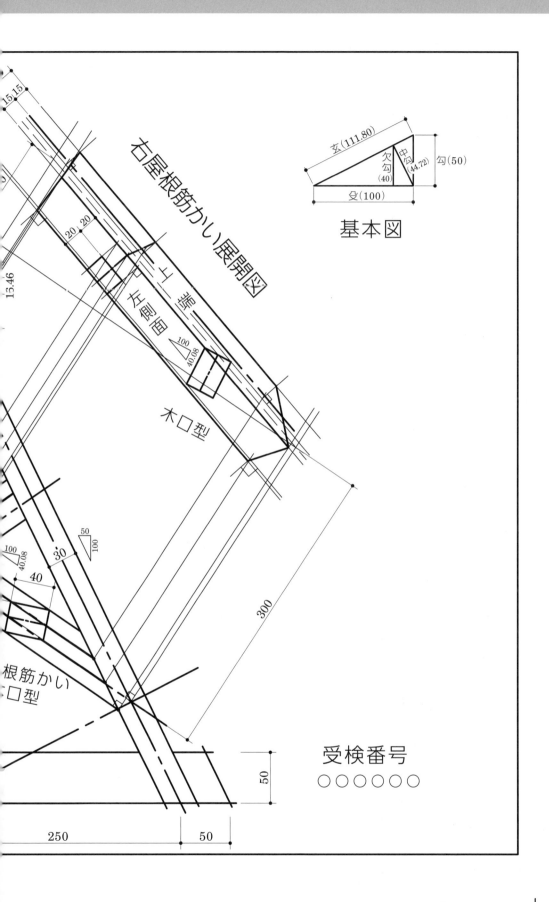

右屋根筋かい展開図

上端

左側面

木口型

根筋かい
口型

20 20

13.46

15 15

基本図

玄(111.80)
中勾(44.72)
欠勾(40)
勾(50)
殳(100)

100
40.08

50
100

100
40.08

30

40

300

50

250

50

受検番号

○○○○○○

02 平面図の作成

[目 的] 試験課題図を基に平面図を作成すること。

準備するもの

❶ シャープペンシルまたは鉛筆（2 ～ 3 本）

❷ 消しゴム（1 個）

❸ 直定規（1 m、1 本）

❹ 三角定規（大・小、2 枚 1 組）

❺ さしがね（大・小、1 本）

❻ 養生テープ（1 巻）

❼ 合板（1 枚）

（910mm × 1820mm × 12mm 程度）

❽ ケント紙（1 枚）（788mm × 1091mm）

❾ 計算機（関数電卓を除く）

作業手順

01 はり・振たる木・屋根筋
かいの中心線を描く

1. 点 a から点 O_1 に向け、はりの
中心線①を太い一点鎖線で描
く。

2. 点 a から点 b に向け、左振た
る木の中心線②（$559.01 \div 500$
$\times 111.803/100$）を太い一点鎖
線で描く。

3. 点 a から点 c に向け、右振た
る木の中心線③（$559.01 \div$
$500 \times 111.803/100$）を太い
一点鎖線で描く。

4. 点 o_1 と点 e を太い一点鎖線で
結ぶ。

5. 点 d から点 e に向け、右屋根
筋かいの中心線④（$360.55 \div$
$\sqrt{300^2 + 200^2}$）を太い一点鎖
線で描く。

6. 点 f から点 g に向け、左屋根
筋かいの中心線⑤（$360.55 \div$
$\sqrt{300^2 + 200^2}$）を太い一点鎖
線で描く。

※ $111.803 = \sqrt{100^2 + 50^2}$

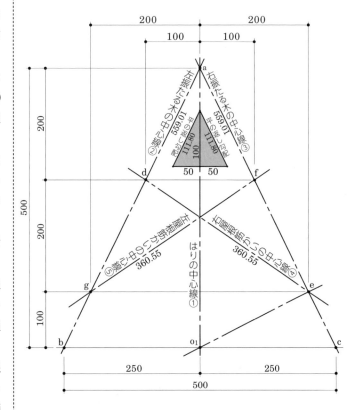

02 振たる木の外形を描く

1. 左振たる木の中心線②から両側に 15mm を振り分け、左振たる木の中心線②に対して平行な左振たる木の外形線⑥を太い実線で描く。

2. 右振たる木の中心線③から両側に 15mm を振り分け、右振たる木の中心線③に対して平行な右振たる木の外形線⑦を太い実線で描く。

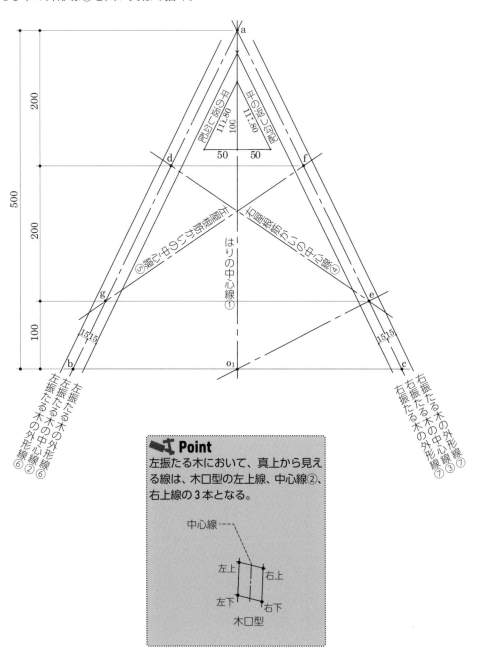

Point

左振たる木において、真上から見える線は、木口型の左上線、中心線②、右上線の３本となる。

03 屋根筋かいの山勾配を求める

1. 各部材配置図をもとに、左振たる木と右屋根筋かいが交わる点 d、右振たる木と右屋根筋かいが交わる点 e を側面図に取り、屋根筋かいの立上り 100mm（100＝150－50）を求める。

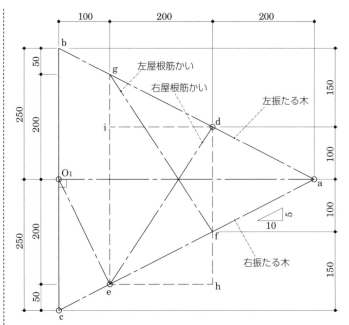

（1）各部材配置図

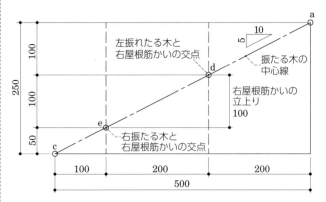

（2）側面図

2. 点 d に直交し、屋根筋かいの立
   上り高さ 100mm を取った点を
   j とし、点 j と点 e を細い実線
   で結ぶ。この線を隅勾配という。

3. 線 ed 上に、任意の点 k を取
   る。ここでは、線 ek の長さを
   120mm とする。

4. 線 ek と直交する線 kl を細い
   実線で描く。

5. 線 ej に直交し、点 k を通る直
   線の交点を m とし、点 k と点
   m を細い実線で結ぶ。

6. 線 km の長さを、点 k から線
   ek の延長上に取った点を m'
   とする。

7. 点 l と点 m' を細い実線で結ぶ。
   この勾配を屋根筋かいの山勾
   配という。

8. 屋根筋かいの上端は、一方の
   みに傾斜した形となり、屋根
   筋かいの山勾配は、40.08/100
   勾配となる。

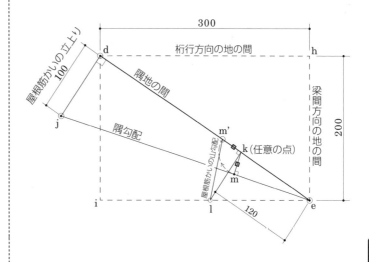

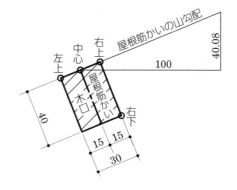

❓ 屋根筋かいの山勾配が「40.08/100」なのは、なぜ？

1. △dhe において、点 h から点 d の桁行方向の地の間の長さ 300㎜、点 h から点 e の梁間方向の地の間の長さ 200mm をもとに、点 l から点 d までの隅地の間は、三平方の定理より、$\sqrt{300^2+200^2}=\sqrt{130000}=\sqrt{13\times100\times100}=100\sqrt{13}$ mm（＝360.55㎜）となる。

2. △edj において、点 e から点 d の隅地の間の長さ $100\sqrt{13}$ mm、点 d から点 j の屋根筋かいの立上り 100mm をもとに、点 e から点 j までの斜辺の長さは、三平方の定理より、
$$\sqrt{(100\sqrt{13})^2+100^2}=\sqrt{130000+10000}=\sqrt{14\times100\times100}=100\sqrt{14}$$ mm となる。

3. △edj と△ekn に着目すると、2 組の角がそれぞれ等しいので、相似の三角形となる。△ekn において、点 e から点 k の水平距離（殳）120mm に対する、点 k から点 n の鉛直距離（勾）は、
$$100\sqrt{13}:100=120:\overline{kn},\quad 100\sqrt{13}\times\overline{kn}=100\times120 より、\quad \overline{kn}=\frac{100\times120}{100\sqrt{13}}=\frac{120}{\sqrt{13}} となる。$$

4. △ekn において、点 e から点 k の水平距離（殳）120mm に対する点 e から点 n までの斜辺の長さ（玄）は、
$$100\sqrt{13}:100\sqrt{14}=120:\overline{en},\ 100\sqrt{13}\times\overline{en}=100\sqrt{14}\times120 より、\overline{en}=\frac{100\sqrt{14}\times120}{100\sqrt{13}}=120\frac{\sqrt{14}}{\sqrt{13}} mm$$
となる。

5. △ekn と△kmn に着目すると、2 組の角がそれぞれ等しいので、相似の三角形となる。△kmn において、点 k から点 n の斜面の長さ（玄）$\frac{120}{\sqrt{13}}$ mm に対する、点 k から点 m の水平距離（殳）は、
$$120\frac{\sqrt{14}}{\sqrt{13}}:120=\frac{120}{\sqrt{13}}:\overline{km},\ 120\frac{\sqrt{14}}{\sqrt{13}}\times\overline{km}=120\times\frac{120}{\sqrt{13}} より、\overline{km}=\frac{120}{\sqrt{14}} となる。$$
また、線 km と線 km' は等しいので、$\overline{km}=\overline{km'}=\frac{120}{\sqrt{14}}$ mm となる。

6. △edi と△ekl に着目すると、2 組の角がそれぞれ等しいので、相似の三角形となる。△ekl において、点 e から点 k の水平距離（殳）120mm に対する、点 k から点 l の鉛直距離（勾）は、
$$300:200=120:\overline{kl},\ 300\times\overline{kl}=200\times120 より、\overline{kl}=\frac{200\times120}{300}=80mm となる。$$

7. 屋根筋かいの山勾配は、
$$\frac{点 m'から点 k までの鉛直距離}{点 l から点 k までの水平距離}=\frac{\frac{120}{\sqrt{14}}}{80}=\frac{120}{\frac{\sqrt{14}}{80}}=\frac{3}{2\sqrt{14}}$$

分母を 100 にするため、分母と分子に $\frac{50}{\sqrt{14}}$ を掛けると
$$\frac{3\times\frac{50}{\sqrt{14}}}{2\sqrt{14}\times\frac{50}{\sqrt{14}}}=\frac{\frac{150}{\sqrt{14}}}{100}=\frac{150/3.7416}{100}≒\frac{40.8}{100} となる。$$

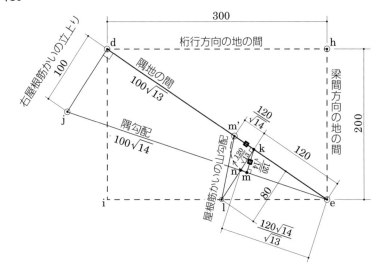

1. 点 e から点 d に向けて 150mm を取り、右屋根筋かいの中心線④に対して、さしがねの表目の長手を 100mm の目盛り、妻手を 40.08mm の目盛りに当てる。

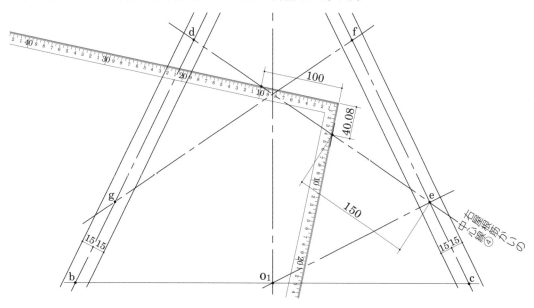

2. さしがねの妻手の線に沿うように勾配⑧を細い実線で引く。この線を屋根筋かいの山勾配という。

3. 点 p から両側に 15mm、下側に 40mm を取り、右屋根筋かいの木口型の外形線⑨を太い実線で描く。

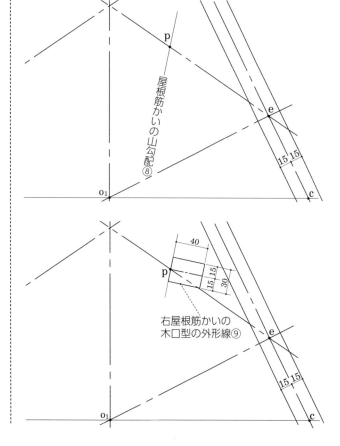

第3講 2級建築大工技能の実技

05 ▶ 右屋根筋かいの外形線を描く

1. 右屋根筋かいの中心線④から両側に 13.92mm を振り分け、右屋根筋かいの中心線④に対して平行な右屋根筋かいの外形線⑩⑪を太い実線で描く。

2. 右屋根筋かいの外形線⑪から上側に 14.88mm を取り、右屋根筋かいの中心線④に対して平行な屋根筋かいの外形線⑫を太い実線で描く。

3. 右屋根筋かいの外形線⑪から上側に 0.96mm を取り、右屋根筋かいの中心線④に対して平行な右屋根筋かいの心下端線⑬を細い一点鎖線で描く。

4. 右屋根筋かいの中心線④から上側に 0.96mm を取り、右屋根筋かいの中心線④に対して平行な右屋根筋かいの左下端線⑭を細い一点鎖線で描く。

※ 外形線⑩は、木口型外形の左上角を通る
※ 外形線⑪は、木口型外形の右上角を通る
※ 外形線⑫は、木口型外形の右下角を通る

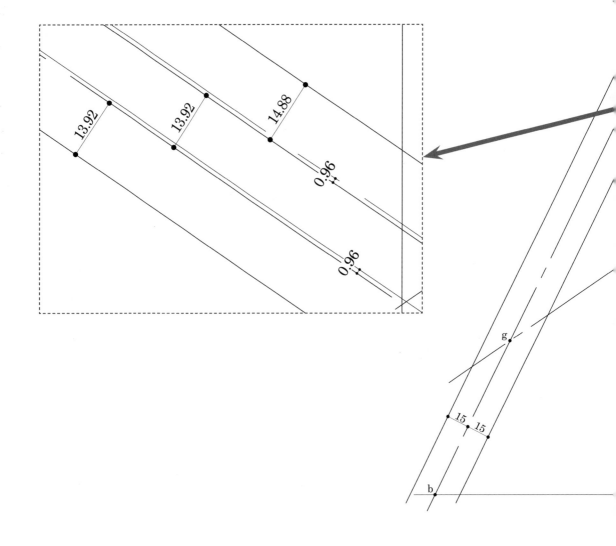

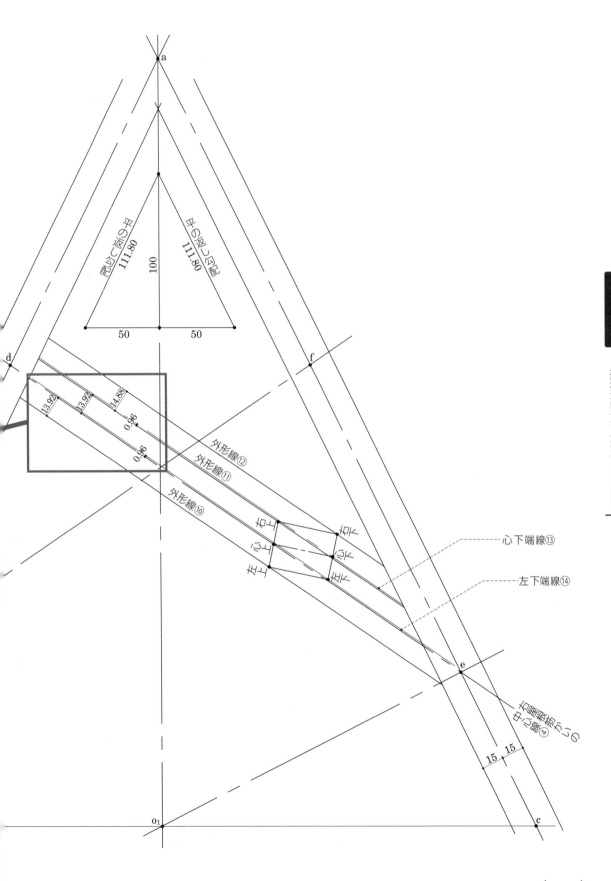

平の返し勾配
111.80

平の返し勾配
111.80

100

50　　50

d

a

f

13.92
13.92
14.88
0.96
0.96

外形線⑫

外形線⑪

外形線⑩

右上
心上
左上

右下
心下
左下

心下端線⑬

左下端線⑭

中右軸組線⑤の

中心線④

15　15

e

o₁

c

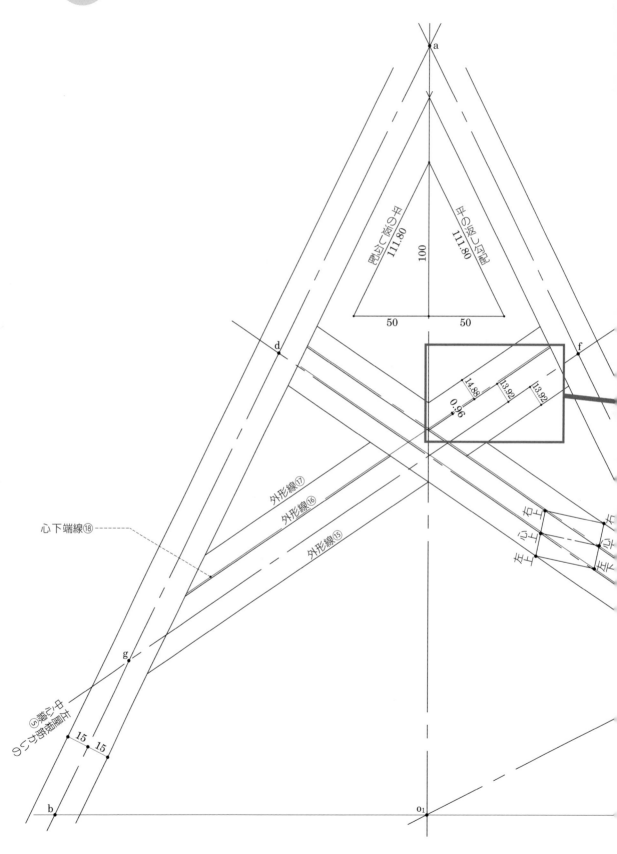

06 左屋根筋かいの外形線を描く

1. 左屋根筋かいの中心線⑤から両側に 13.92mm を振り分け、左屋根筋かいの中心線⑤に対して平行な右屋根筋かいの外形線⑮⑯を太い実線で描く。

2. 左屋根筋かいの外形線⑮から上側に 14.88mm を取り、左屋根筋かいの中心線⑤に対して平行な左屋根筋かいの外形線を⑰を太い実線で描く。

3. 左屋根筋かいの外形線⑮から上側に 0.96mm を取り、左屋根筋かいの中心線⑤に対して平行な左屋根筋かいの心下端線⑱を細い一点鎖線で描く。

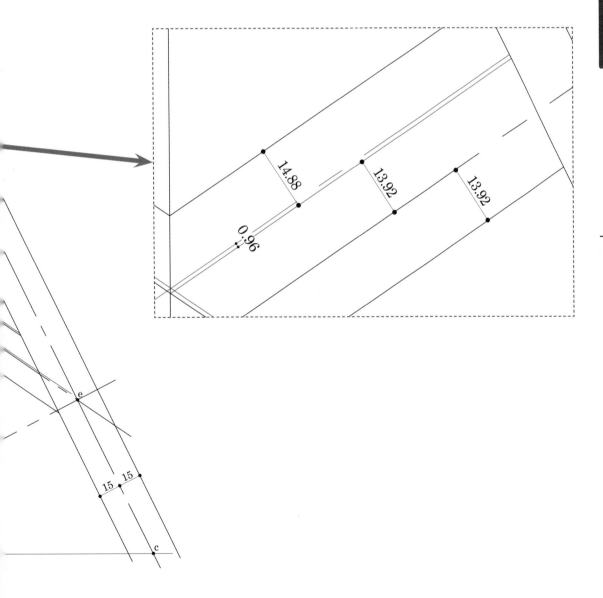

？ 屋根筋かいの外形線間隔が「13.92mm、14.88mm」なのは、なぜ？

1. △adc において、点 a から点 c の斜辺の長さ（玄）は、$\sqrt{100^2 + 40.08^2} = 107.73$mm となる。

2. △adc と △bdc に着目すると、2 組の角がそれぞれ等しいので、相似の三角形となる。△bdc において、点 b から点 c の斜辺の距離（玄）40.08mm に対する、点 b から点 d の水平距離（殳）は、

$107.73 : 100 = 40.08 : \overline{bd}$、$107.73 \times \overline{bd} = 100 \times 40.08$ より、$\overline{bd} = \dfrac{100 \times 40.08}{107.73} = 37.20$mm となる。

3. △bdc と △efg に着目すると、2 組の角がそれぞれ等しいので、相似の三角形となる。△efg において、点 e から点 g の斜辺の距離（玄）15mm に対する、点 e から点 f の水平距離（殳）は、

$40.08 : 37.20 = 15 : \overline{ef}$、$40.08 \times \overline{ef} = 37.20 \times 15$ より、$\overline{ef} = \dfrac{37.20 \times 15}{40.08} = 13.92$mm となる。

よって、右屋根筋かいの中心線④から右屋根筋かいの外形線⑩までの区間距離は、13.92mm となる。

4. 同様に、右屋根筋かいの中心線④から右屋根筋かいの外形線⑪ までの区間距離は、13.92mm となる。

5. △adb と △hij に着目すると、2 組の角がそれぞれ等しいので、相似の三角形となる。△hij において、点 h から点 j の斜辺の距離（玄）40mm に対する、点 j から点 i の鉛直距離（勾）は、

$100 : 37.20 = 40 : \overline{ji}$、$100 \times \overline{ji} = 37.20 \times 40$ より、$\overline{ji} = \dfrac{37.20 \times 40}{100} = 14.88$mm となる。

よって、右屋根筋かいの外形線⑪から右屋根筋かいの外形線⑫までの区間距離は、14.88mm となる。

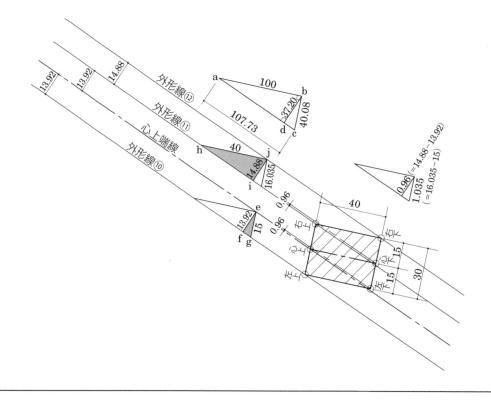

07 柱の外形線を描く

1. 点 q から両側に 25mm、上側に 50mm を取り、柱の外形線⑲を太い実線で描く。

2. 点 a から両側に 25mm を取り、柱の中心線⑳を太い一点鎖線で描く。

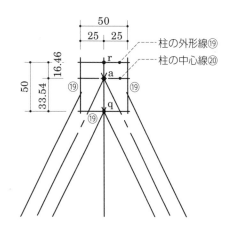

08 はりの外形線を描く

1. 点 O_1 から両側に 25mm、上側に 50mm を取り、はりの外形線㉑を太い実線で描く。

2. 点 s から両側に 15mm を取り、はりの大あり㉒を太い実線で描く。

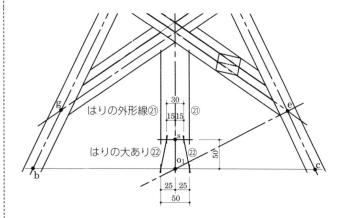

3. 点 r から両側に 25mm、上側に 15mm を取り、はりの外形線㉓を太い実線で描く。

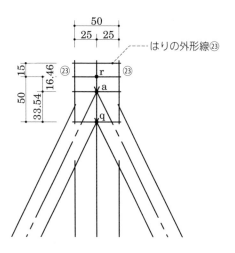

09 桁の外形線を描く

1. 点 O_1 から上側に 50mm を取り、桁の外形線㉔を太い実線で描く。

2. 点 b から左側に 50mm を取り、左振たる木の中心線②に平行な桁の外形線㉕を太い実線で描く。

3. 点 c から右側に 50mm を取り、右振たる木の中心線③に平行な桁の外形線㉖を太い実線で描く。

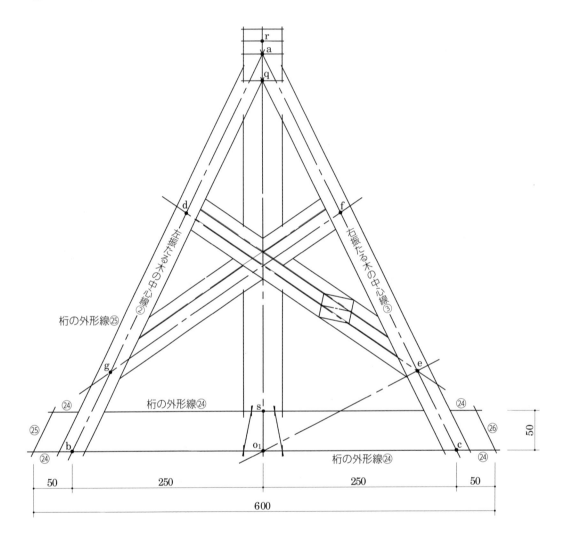

03 左振たる木展開図の作成

[目 的] 左振たる木の上端面、右側面に左振たる木の展開図を描くこと。

準備するもの

[3-02-01 全体の配置] で準備したものと同じ。

作業手順

01 現寸左振たる木の勾配を描く

1. 左振たる木の外形線②、左振たる木の外形線③を、上側に 40mm 程度を延長する。

2. 左振たる木の中心線①に対して直角方向に 100mm を取り、左振たる木の中心線①と平行な基準線④を細い実線で描く。

3. 点 a、点 b から左振たる木の外形線②に直交する基準線⑤を細い実線で描く。

4. 点 c から 250mm（250＝500×50/100）の寸法を取り、d 点とする。

5. 点 d から点 c に向け、現寸左振たる木の勾配（右上端線）⑥を細い実線（612.23÷559.01×109.543/100）で描く。

※ $111.803 ≒ \sqrt{100^2 + 50^2}$

※ $559.01 ≒ 500 × 111.803 ÷ 100$

※ $44.72 ≒ 100 × 50 ÷ 111.803$
（詳細は p.119 参照）

※ $109.543 ≒ \sqrt{100^2 + 44.72^2}$

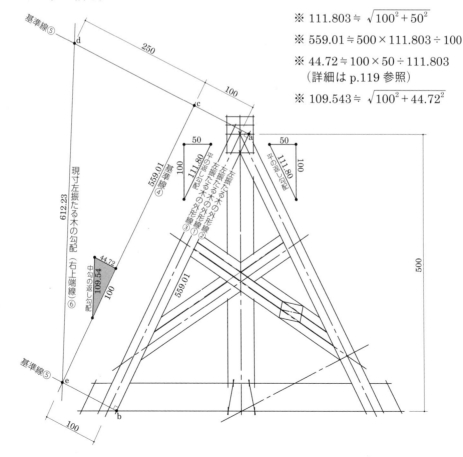

第3講 2級建築大工技能の実技

02 現寸左振たる木の勾配を描く

1. 点 d から線 dc に対して直角方向に 15mm を取り、現寸左振たる木の勾配（右上端線）⑥に対して平行な左振たる木のくせを求める線⑦を細い実線で描く。

2. 線 de 上に、任意の点 g を取る。ここでは、線 dg の長さを 150mm とする。

3. 点 g から線 dg と直交する線 gi を太い実線で描く。

4. 線 gi に対して直角方向に 30mm を取り、線 gi と平行な線 hj を太い実線で描く。

5. 点 g と点 h を太い実線で結ぶ。

6. 線 gh に対して直角方向に 40mm を取り、線 gh と平行な線 ij を太い実線で描く。

7. 線 gi に対して直角方向に 15mm を取り、線 gi と平行な線 kl を太い一点鎖線で描く。線 kl を左振たる木口の中心線という。

8. 点 h、点 g、点 i、点 j を結ぶ断面を、左振たる木の木口型という。

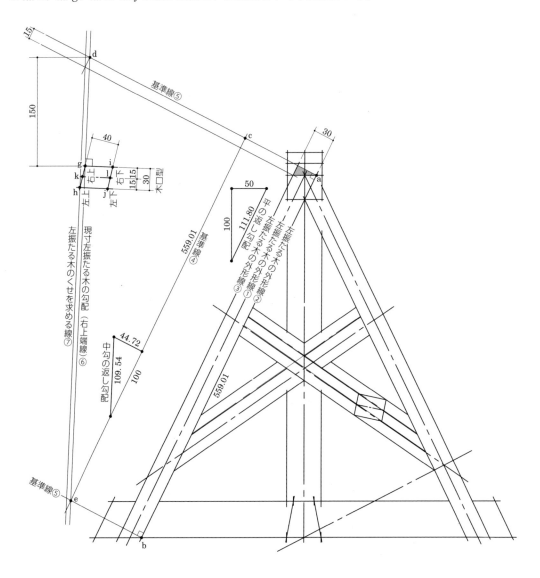

現寸左振たる木の勾配を2面に描く

1. 線 gh の長さを、点 g から線 ig の延長上に取った点を h' とする。

2. 点 h' を通り、現寸左振たる木の勾配（右上端線）⑥に対して平行な現寸左振たる木の勾配（左上端線）⑧を細い実線で描く。

3. 点 i を通り、現寸左振たる木の勾配（右上端線）⑥に対して平行な現寸左振たる木の勾配（右下端線）⑨を細い実線で描く。

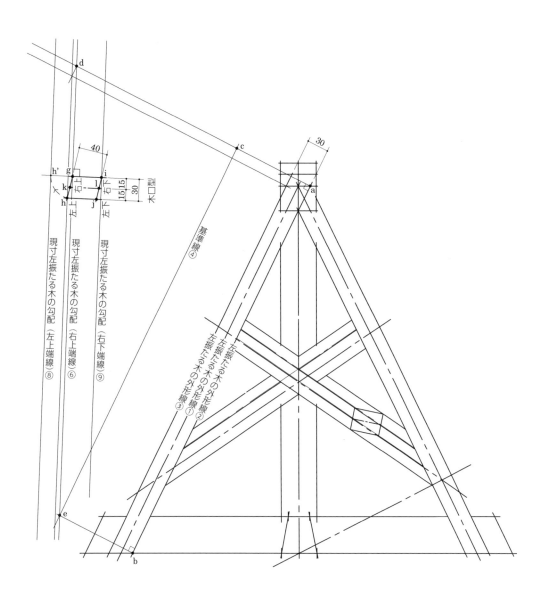

04 現寸左振たる木の展開線を描く

1. 左振たる木の左上端線にある点 m、点 o、点 r、点 v、点 y の各点から、左振たる木の外形線③
に対して直角方向に線を左振たる木のくせを求める線⑦までを取り、細い実線で描く。

2. 左振たる木の右上端線にある点 n、点 p、点 s、点 u、点 w、点 x の各点から、左振たる木の外
形線②に対して直角方向に線を現寸左振たる木の勾配（右上端線）⑥までを取り、細い実線で描く。

3. 左振たる木の右下端線にある点 n、点 q、点 t、点 w の各点から、左振たる木の外形線②に対し
て直角方向に線を現寸左振たる木の勾配（右下端線）⑨までを取り、細い実線で描く。

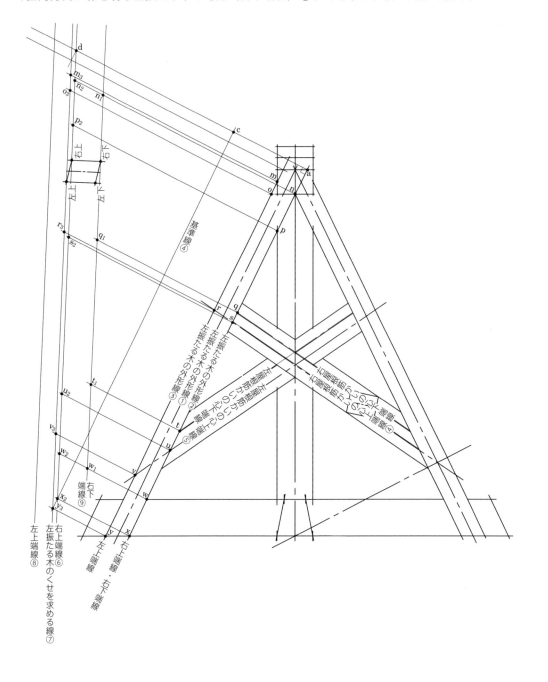

4. 点 m_3、点 o_3、点 r_3、点 v_3、点 y_3 の各点から、左振たる木のくせを求める線⑦に対して直角方向に線を現寸左振たる木の勾配（左上端線）⑧までを取り、細い実線で描く。

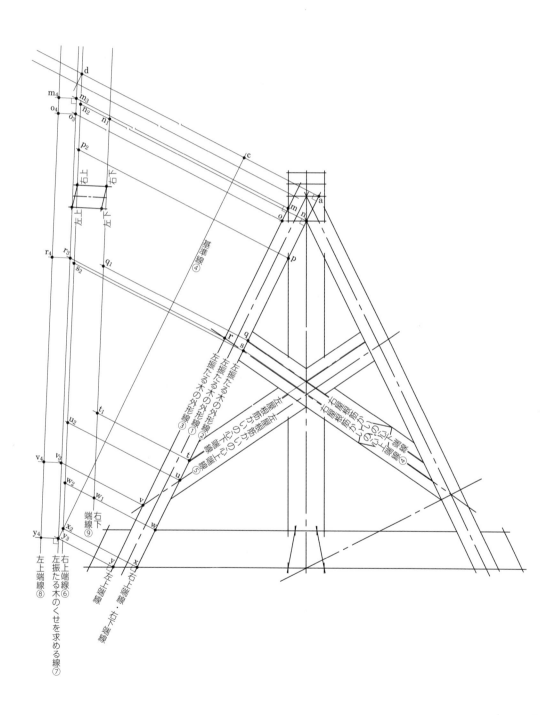

5. 点 r_4、点 s_2、点 q_1 を太い一点鎖線で結ぶ。この線を、右屋根筋かいの中心線という。

6. 点 v_4、点 u_2、点 t_1 を太い一点鎖線で結ぶ。この線を、左屋根筋かいの中心線という。

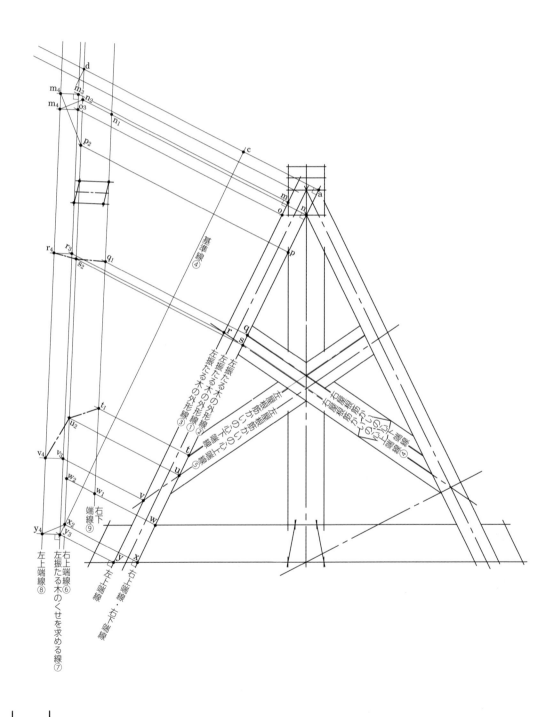

7. 点 m_4、点 o_5、点 n_2、点 n_1 を太い実線で結ぶ。

8. 点 y_4、点 x_2、点 w_5、点 w_1 を太い実線で結ぶ。

9. 点 m_4 と点 y_4、点 n_2 と点 x_2、点 n_1 と点 w_1 を太い実線で結ぶ。

10. 左振たる木の右上端線⑥に平行な現寸左振たる木の中心線⑩を太い一点鎖線で描く。

11. 現寸図に「上端」と「左側面」の文字を入れる。

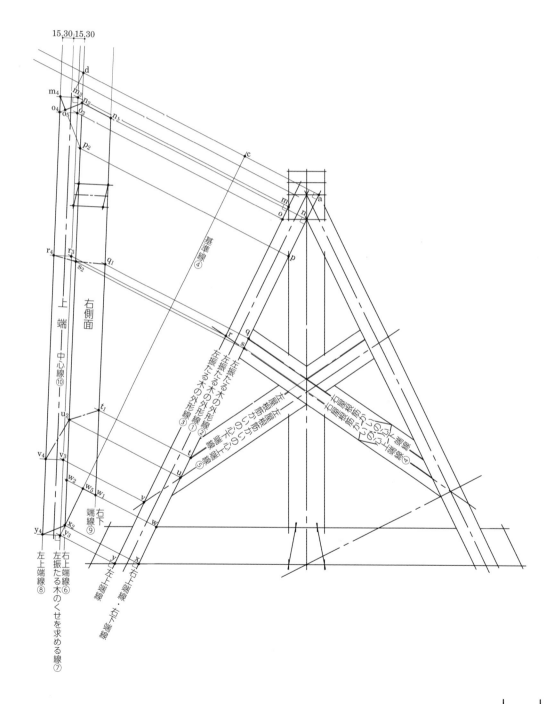

05 左振たる木のくせ取りの
　　勾配を求める

1. 点 50/100 の平勾配を描き、
　線 db の中勾の長さ 44.72mm
　（44.72÷50×100/111.80）
　を求める。

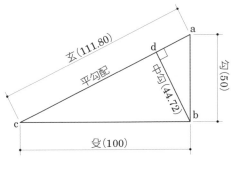

2. 44.72/100 の中勾勾配を描き、
　中勾勾配の斜辺に、線 ce の平
　勾配の勾の長さ 50mm を取り、
　そこから垂線を下した線 ef の
　加弓の長さ 20.41mm を求め
　る。

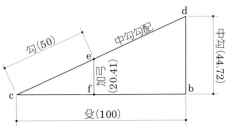

3. 線 cb の殳の長さ 100mm に
　対して、線 gb の加弓の長さ
　20.41mm を立ち上げた加弓勾
　配を描く。

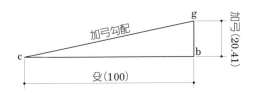

4. 加弓の返し勾配は、左振たる
　木のくせ取りの勾配となる。

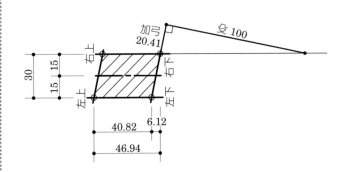

04　右屋根筋かい展開図の作成

[目　的]　右屋根筋かいの上端面、右側面に右屋根筋かいの展開図を描くこと。

準備するもの

[3-02-01 全体の配置]で準備したものと同じ。

作業手順

01 現寸右屋根筋かいの勾配を描く

1. 右屋根筋かいの心上端線④に対して直角方向に 300mm を取り、右屋根筋かいの心上端線④と平行な基準線⑩を細い実線で描く。

2. 点 a、点 b から右屋根筋かいの心上端線④に直交する基準線⑪を細い実線で描く。

3. 点 c から 100mm の寸法を取り、d 点とする。

4. 点 d から点 e に向け、現寸右屋根筋かいの心上端線⑫を細い破線（$374.16 ≒ \sqrt{360.55^2 + 100^2}$）で描く。

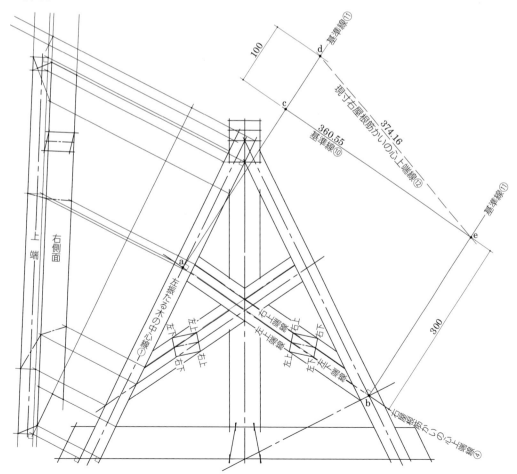

02 右屋根筋かいの木口型を 描く

1. 点 e から点 d に向けて任意の
長さ（120mm）を取り、現寸
右屋根筋かいの心上端線⑫に
対して、さしがねの表目の長
手を 100mm の目盛り、妻手を
40.08mm の目盛りに当てる。

2. さしがねの妻手の線に沿うよ
うに勾配⑬を細い一点鎖線で引
く。この線を屋根筋かいの転び
という。

3. 点 f から両側に 15mm、下側
に 40mm を取り、右屋根筋かい
の木口型の外形線⑭を太い実線
で描く。

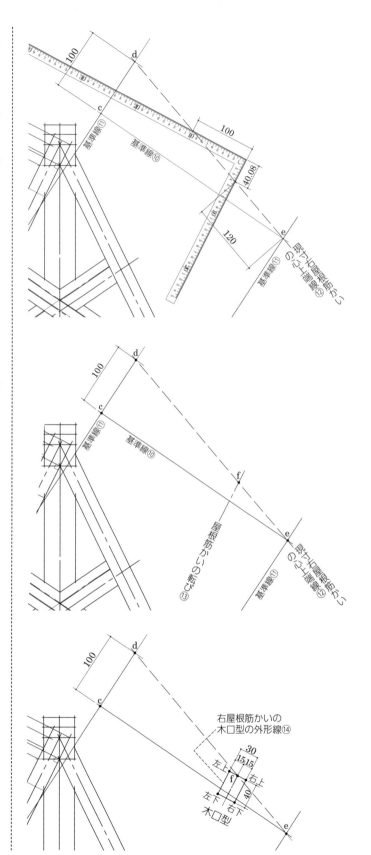

1. 点 g を通り、現寸右屋根筋かいの心上端線⑫と平行な現寸右屋根筋かいの勾配（左上端線）⑬を細い実線で描く。

2. 現寸右屋根筋かいの勾配（左上端線）⑬に対して直角方向に 30mm を取り、現寸右屋根筋かいの心上端線⑫と平行な現寸右屋根筋かいの勾配（右上端線）⑮を細い実線で描く。

3. 現寸右屋根筋かいの勾配（左上端線）⑬に対して直角方向に 40mm を取り、現寸右屋根筋かいの心上端線⑫と平行な現寸右屋根筋かいの左下端線⑯を細い実線で描く。

4. 点 h を通り、現寸右屋根筋かいの心上端線⑫に対して平行な右屋根筋かいの転びを求める線（右上端）⑰を細い実線で描く。

5. 点 i を通り、現寸右屋根筋かいの心上端線⑫に対して平行な右屋根筋かいの転びを求める線（左下端）⑱を細い実線で描く。

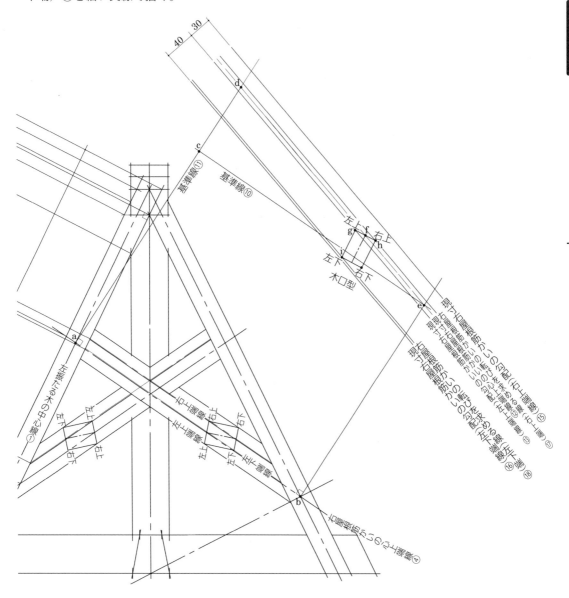

04 ▶ 現寸右屋根筋かいの展開線を描く

1. 右屋根筋かいの左上端線にある点 j、点 m、点 n、点 o、点 s の各点から、右屋根筋かいの左上端線に対して直角方向に線を現寸右屋根筋かいの勾配（左上端線）⑬までを取り、細い実線で描く。

2. 右屋根筋かいの左下端線にある点 k、点 r の各点から、右屋根筋かいの左下端線に対して直角方向に線を右屋根筋かいの転びを求める線（左下端）⑱までを取り、細い実線で描く。

3. 右屋根筋かいの右上端線にある点 l、点 p、点 q の各点から、右屋根筋かいの右上端線に対して直角方向に線を右屋根筋かいの転びを求める線（右上端）⑰までを取り、細い実線で描く。

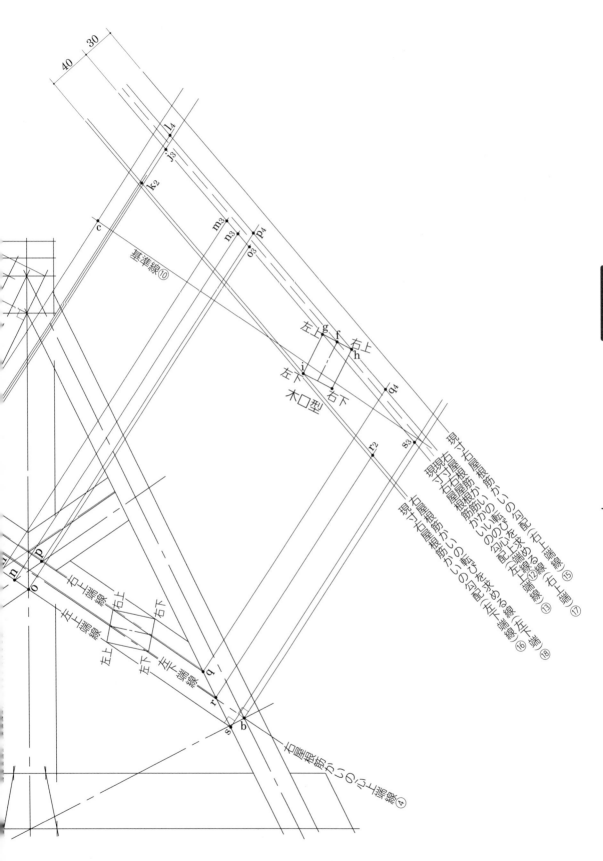

4. 点 k_2、点 r_2 の各点から、右屋根筋かい
の転びを求める線（左下端）⑱に対して
直角方向に線を現寸右屋根筋かいの勾配
（左下端線）⑯までを取り、細い実線で
描く。

5. 点 m_3、点 n_3、点 o_3 の各点から、現寸右
屋根筋かいの勾配（左上端線）⑬に対し
て直角方向に線を現寸右屋根筋かいの勾
配（左下端線）⑯までを取り、細い実線
で描く。

6. 点 l_4、点 p_4、点 q_4 の各点から、右屋根
筋かいの転びを求める線（右上端）⑰に
対して直角方向に線を現寸右屋根筋かい
の勾配（右上端線）⑮までを取り、細い
実線で描く。

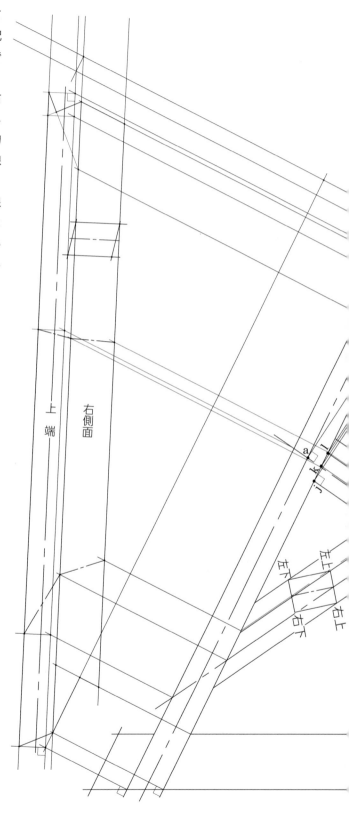

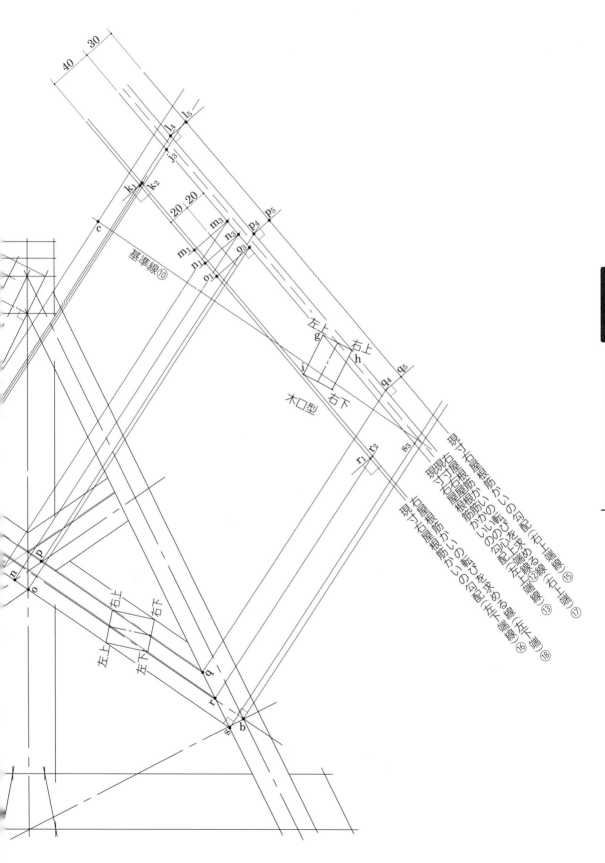

40　30

l_4　l_5
j_3
k_1　k_2

20　20

m_3
c　m_1　n_3　p_4　p_5
　　　n_1　o_3
基準線⑩　o_1

左上　右上
g
　　h
i　　　q_4　q_5
木口型
　　　右下

r_1　r_2　s_3

n
p
o

右上
右下

左上
左下
q
r
s　b

現寸右屋根筋からの勾配（右上端線）⑮
右屋根筋からのひずみを求める⑭
現寸右屋根筋からのひずみを求める配上端線⑫線（右上端）⑰
右屋根筋からの勾配（左上端）⑯
現寸右屋根筋からの勾配（左上端線）⑱

7. 点 k_1、点 j_3、点 l_5 を太い実線で結ぶ。

8. 点 n_1、点 n_3、点 p_5 を太い一点鎖線で結ぶ。
この線を、左屋根筋かいの中心線という。

9. 点 m_1、点 t、点 u、点 o1 を太い実線で結ぶ。
この線を、右屋根筋かいの切り欠き線という。

10. 点 r_1、点 s_3、点 q_5 を太い実線で結ぶ。

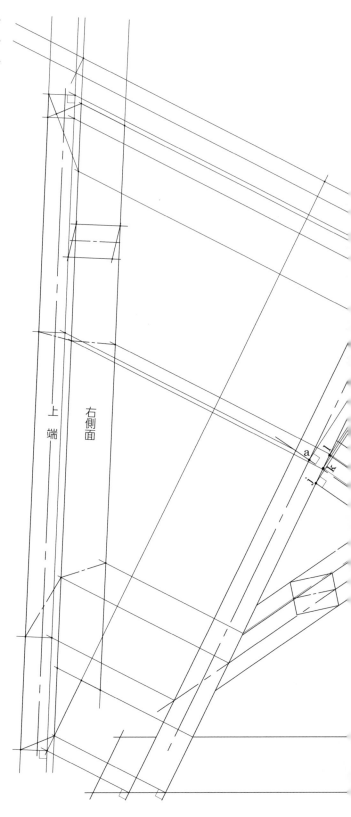

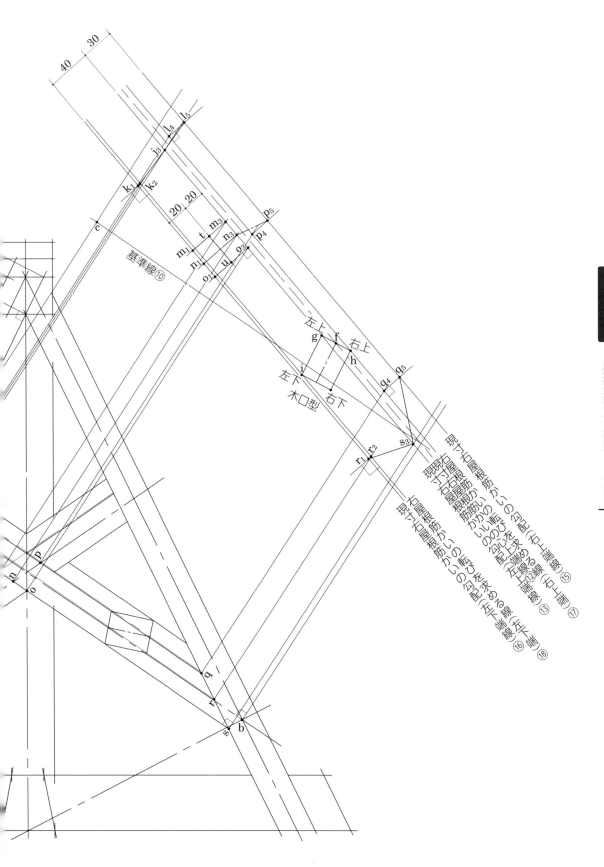

11. 点 k_1 と点 r_1、点 j_3 と点 s_3、点 l_5 と点 q_5 を太い実線で結ぶ。

12. 上端面に現寸右屋根筋かいの中心線⑲を太い一点鎖線で描く。

13. 現寸図に「上端」と「左側面」の文字を入れる。

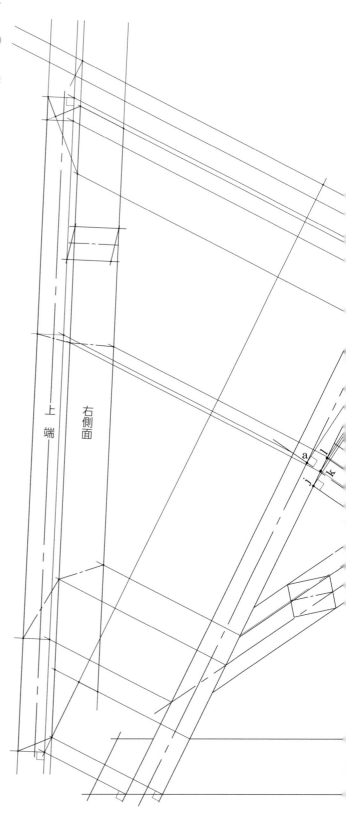

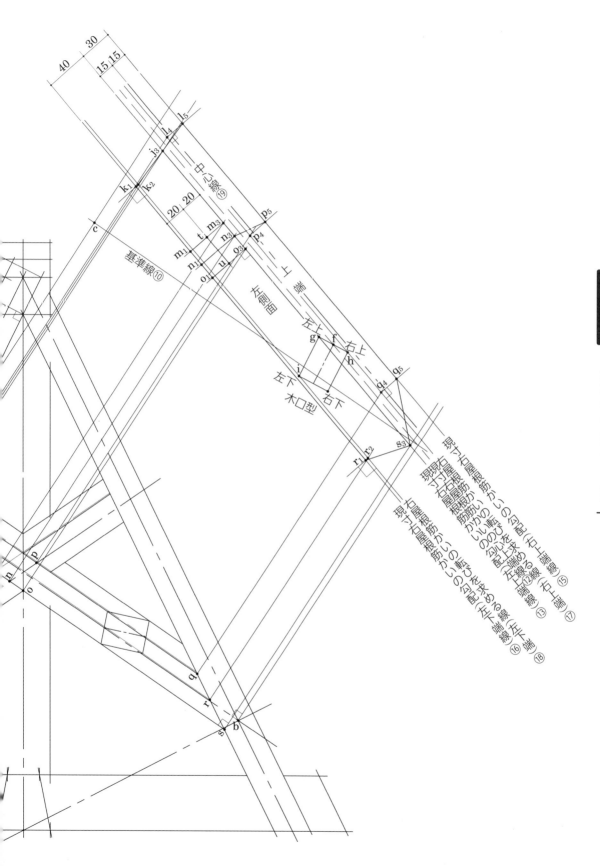

基準線⑩
中心線⑲
上端
左上
右上
左下
右下
木口型
40 30
15 15
20 20

現寸た小屋束かうの勾配（右上端線）⑮
右屋根筋かいの
現寸右屋根筋かいの
左屋根筋かいの心を求める
現寸右屋根筋かいの軸つきを求める
心上端線（左上端線）⑬
右上端線⑫
右上端線⑰
右屋根筋かいの軸つきを求める
現寸右屋根筋かいの勾配（左上端線）⑯
現寸た小屋束かうの勾配（左上端）⑱

05

基本図の作成

[目 的] 試験課題図をもとに基本図を作成すること。

準備するもの

［**3-02-01 全体の配置**］で準備したものと同じ。

作業手順

01 勾、殳、玄を描く

1. 線 ab（高さ）を 50mm、線 cb（水平方向の長さ）を 100mm とする直角三角形 abc を太い実線で描く。

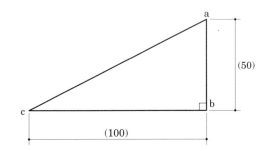

2. 線 ab に勾、線 cb に殳、線 ca に玄の名称を書く。

※勾 = 50mm

　殳 = 100mm

　玄は三平方の定理より、

　$\sqrt{50^2 + 100^2} ≒ 111.80$mm

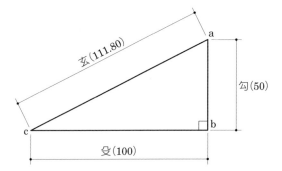

02 中勾を描く

1. 点 b から線 ac（玄）に垂線を実線で描く。

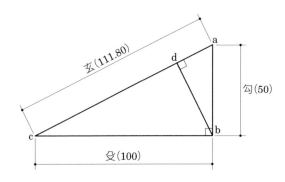

2. 線 db に中勾の名称を書く。

※△adb と △abc に着目すると、2組の角がそれぞれ等しいので、相似の三角形となる。

△adb において、点 a から点 b の斜辺の距離（玄）50mm に対する、点 d から点 b の水平距離（殳）は、$111.80:100 = 50:\overline{db}$、$111.80 \times \overline{db} = 100 \times 50$ より、

$$\overline{db} = \frac{100 \times 50}{111.80} = 44.72\text{mm となる。}$$

△adb において、点 d から点 b の水平距離（殳）44.72mm に対する、点 a から点 d の鉛直距離（勾）は、$100:50 = 44.72:\overline{ad}$、$100 \times \overline{ad} = 50 \times 44.72$ より、

$$\overline{ad} = \frac{50 \times 44.72}{100} = 22.36\text{mm}$$

となる。

線 cd の長さは、$111.80 - 22.36 = 89.44$mm となる。

03 欠勾を描く

1. 点 d から線 cb（殳）に垂線を実線で描く。

2. 線 de に欠勾の名称を書く。

※△cde と △cab に着目すると、2組の角がそれぞれ等しいので、相似の三角形となる。

△cde において、点 c から点 d の斜辺の距離（玄）89.44mm に対する、点 d から点 e の鉛直距離（勾）は、$111.80:50 = 89.44:\overline{de}$、$111.80 \times \overline{de} = 50 \times 89.44$ より、

$$\overline{de} = \frac{50 \times 89.44}{111.80} = 40.00\text{mm}$$

となる。

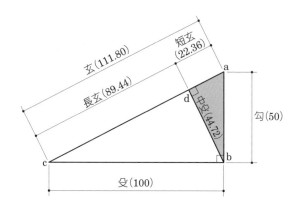

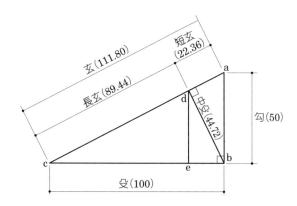

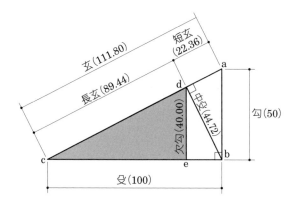

01 柱の木ごしらえ

[目　的]　柱の部材を規定の寸法に削り、正確な直方体を作ること。

準備するもの

❶ 部材（1本）
　　長さ 500mm ×幅 51.5mm ×成 51.5mm
❷ 墨壺（1個）
❸ 墨さし（1本）
❹ さしがね（大・小、1本）
❺ スコヤ（1本）
❻ 鉛筆（1本）
❼ 鉋（平鉋、寸六・寸八・小鉋、各1台）
❽ 玄能（大・小、各1本）
❾ 罫引き（1個）
❿ 羽根虫または釘（1個または2本）
⓫ かじや（1本）

⓬ 合板（1枚）
　　（12mm × 910mm × 1820mm 程度）
⓭ 削り台（1本）
　　（1000mm × 105mm × 105mm 程度）
⓮ 作業台（2本）
　　（300mm × 105mm × 105mm 程度）

柱の木ごしらえ仕様

❶ 部材の仕上がり寸法
　　長さ 500mm ×幅 50mm ×成 50mm
❷ 部材の角
　　すべて直角仕上げ

作業手順

01 ▶ 羽根虫を削り台の端に玄能で打ち込む

※羽根虫の代わりに釘を使用してもよい。

02 ▶ 部材を削り台の上に載せ、羽根虫で部材を押さえる

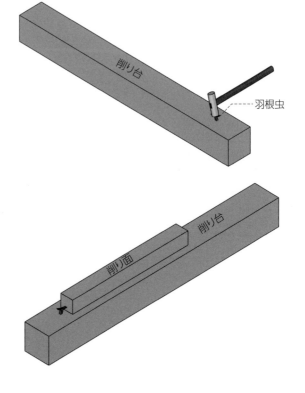

03 削り面①を鉋で削り、基
準面①を仕上げる

※鉋削りは 1 ～ 2 回程度。

> **🔧 Point ≫**
> 鉋で部材を削る場合は、中しこ鉋、
> 仕上げ鉋の順で行い、作業時間を
> 短縮する。

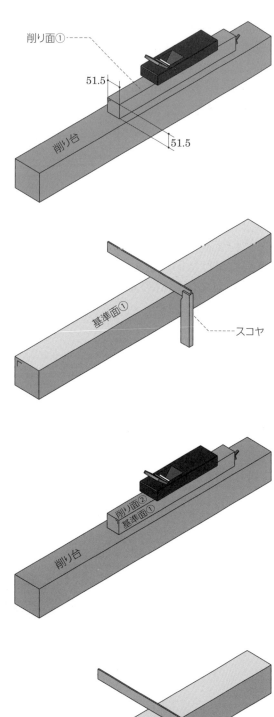

削り面①

51.5

51.5

削り台

04 鉋で仕上げた面にスコヤ
を当て、平らになってい
ることを確認する

基準面①

スコヤ

05 削り面②を鉋で削り、基
準面②を仕上げる

※鉋削りは 1 ～ 2 回程度。

> **🔧 Point ≫**
> 鉋で部材を削る場合は、中しこ鉋、
> 仕上げ鉋の順で行い、作業時間を
> 短縮する。

削り面②
基準面①

削り台

06 鉋で仕上げた面の角にス
コヤを当て、直角になっ
ていることを確認する

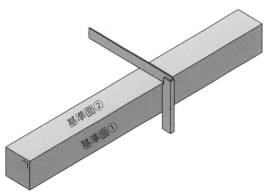

基準面②

基準面①

07 基準面①から部材の幅が
50mm、基準面②から成が
50mm となる位置をさし
がねで測り、基準面に鉛
筆で印を付ける

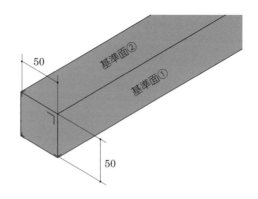

08 基準面に付けた印に罫引
きを合わせて、部材の4
面に罫引き線を入れる

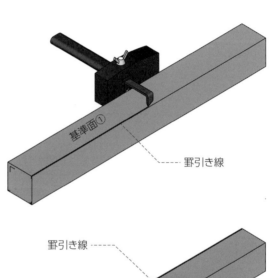

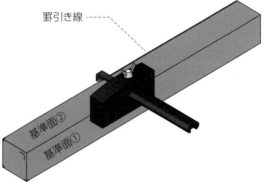

09 部材に入れた罫引き線まで、鉋で削る

※鉋をかけたときに消えた罫引き線は、再度、印に罫引きを合わせて、面に罫引き線を入れる。

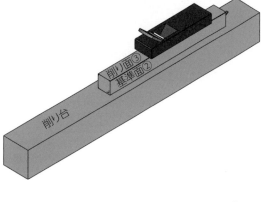

> **⚒ Point ≫**
> 鉋で部材を削る場合は、最初に荒しこ鉋でむら取り削りを行い、作業時間を短縮する。

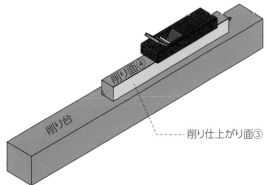

------ 削り仕上がり面③

10 鉋で仕上げた面の角にスコヤを当て、直角になっていることを確認する

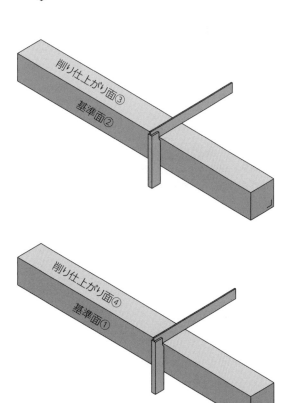

02 桁の木ごしらえ

[目 的] 桁の部材を規定の寸法に削り、正確な直方体を作ること。

準備するもの

❶ 部材（1本）

（長さ 700mm ×幅 51.5mm ×成 46.5mm）

❷ 墨壺（1個）

❸ 墨さし（1本）

❹ さしがね（大・小、1本）

❺ スコヤ（1本）

❻ 鉛筆（1本）

❼ 鉋（平鉋、寸六・寸八・小鉋、各1台）

❽ 玄能（大・小、各1本）

❾ 罫引き（1個）

❿ 羽根虫または釘（1個または2本）

⓫ かじや（1本）

⓬ 合板（1枚）

（12mm × 910mm × 1820mm 程度）

⓭ 削り台（1本）

（1000mm × 105mm × 105mm 程度）

⓮ 作業台（2本）

（300mm × 105mm × 105mm 程度）

桁の木ごしらえ仕様

❶ 部材の仕上がり寸法

長さ 700mm ×幅 50mm ×成 45mm

❷ 部材の角

すべて直角仕上げ

作業手順

01 削り面①を鉋で削り、基準面①を仕上げる

※鉋削りは 1 ～ 2 回程度。

> **🔧 Point ≫**
> 鉋で部材を削る場合は、中しこ鉋、仕上げ鉋の順で行い、作業時間を短縮する。

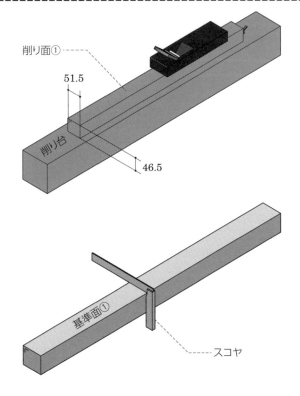

削り面①

51.5

削り台

46.5

02 鉋で仕上げた面にスコヤを当て、平らになっていることを確認する

基準面①

スコヤ

03 削り面②を鉋で削り、基
準面②を仕上げる

※鉋削りは 1 〜 2 回程度。

> ᴛ **Point** ≫
> 鉋で部材を削る場合は、中しこ鉋、
> 仕上げ鉋の順で行い、作業時間を
> 短縮する。

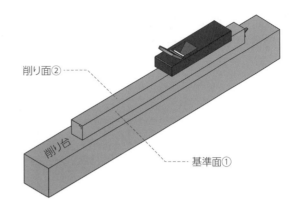

削り面②

削り台

基準面①

04 鉋で仕上げた面の角にス
コヤを当て、直角になっ
ていることを確認する

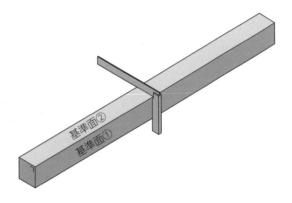

基準面②
基準面①

05 基準面①から部材の幅が
50mm、基準面②から成が
45mm となる位置をさし
がねで測り、基準面に鉛
筆で印を付ける

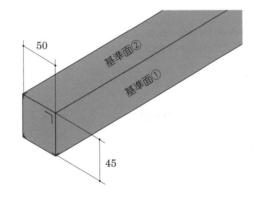

50

基準面②
基準面①

45

06 基準面に付けた印に罫引きを合わせて、部材の4面に罫引き線を入れる

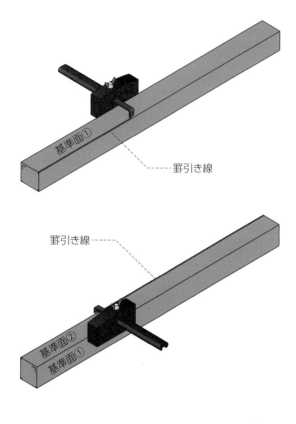

罫引き線

罫引き線

基準面①

基準面②
基準面①

07 部材に入れた罫引き線まで、鉋で削る

※鉋をかけたときに消えた罫引き線は、再度、印に罫引きを合わせて、面に罫引き線を入れる。

🛠 Point »
鉋で部材を削る場合は、最初に荒しこ鉋でむら取り削りを行い、作業時間を短縮する。

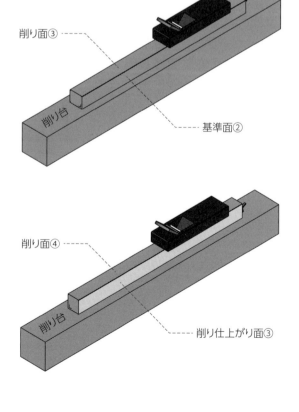

削り面③

削り台

基準面②

削り面④

削り台

削り仕上がり面③

08 鉋で仕上げた面の角にスコヤを当て、直角になっていることを確認する

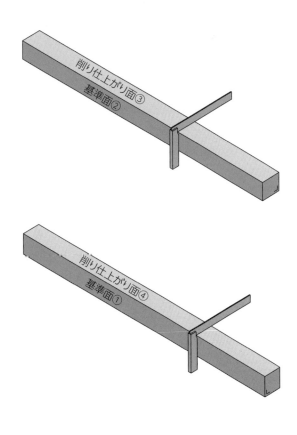

削り仕上がり面③
基準面②

削り仕上がり面④
基準面①

03

はりの木ごしらえ

［目　的］ はりの部材を規定の寸法に削り、正確な直方体を作ること。

準備するもの

❶ 部材（1本）

　（長さ 620mm ×幅 51.5mm ×成 46.5mm）

❷ 墨壺（1個）

❸ 墨さし（1本）

❹ さしがね（大・小、1本）

❺ スコヤ（1本）

❻ 鉛筆（1本）

❼ 鉋（平鉋、寸六・寸八・小鉋、各1台）

❽ 玄能（大・小、各1本）

❾ 罫引き（1個）

❿ 羽根虫または釘（1個または2本）

⓫ かじや（1本）

⓬ 合板（1枚）

　（12mm × 910mm × 1820mm 程度）

⓭ 削り台（1本）

　（1000mm × 105mm × 105mm 程度）

⓮ 作業台（2本）

　（300mm × 105mm × 105mm 程度）

はりの木ごしらえ仕様

❶ 部材の仕上がり寸法

　長さ 620mm ×幅 50mm ×成 45mm

❷ 部材の角

　すべて直角仕上げ

作業手順

01 削り面①を鉋で削り、基準面①を仕上げる

※鉋削りは 1 ～ 2 回程度。

> 🔧 **Point≫**
> 鉋で部材を削る場合は、中しこ鉋、仕上げ鉋の順で行い、作業時間を短縮する。

02 鉋で仕上げた面にスコヤを当て、平らになっていることを確認する

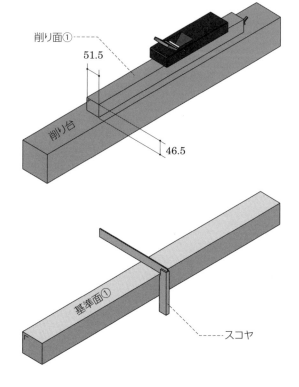

削り面①

51.5

46.5

削り台

基準面①

スコヤ

03 削り面②を鉋で削り、基準面②を仕上げる

※鉋削りは1～2回程度。

> **← Point ≫**
> 鉋で部材を削る場合は、中しこ鉋、仕上げ鉋の順で行い、作業時間を短縮する。

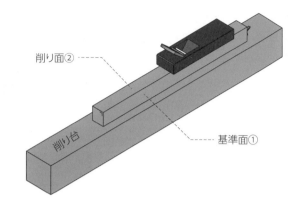

削り面②

基準面①

削り台

04 鉋で仕上げた面の角にスコヤを当て、直角になっていることを確認する

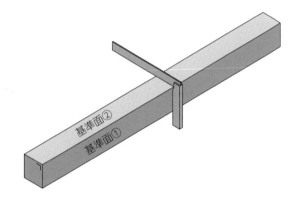

基準面②

基準面①

05 基準面①から部材の幅が50mm、基準面②から成が45mmとなる位置をさしがねで測り、基準面に鉛筆で印を付ける

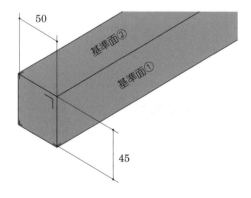

50

基準面②

基準面①

45

06 基準面に付けた印に罫引きを合わせて、部材の4面に罫引き線を入れる。

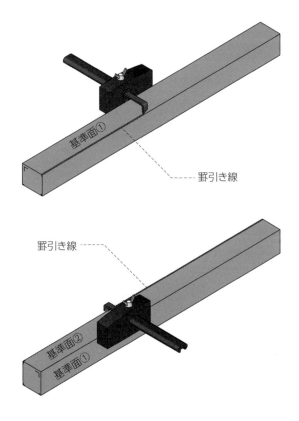

基準面①

罫引き線

罫引き線

基準面②
基準面①

07 部材に入れた罫引き線まで、鉋で削る。

※鉋をかけたときに消えた罫引き線は、再度、印に罫引きを合わせて、面に罫引き線を入れる。

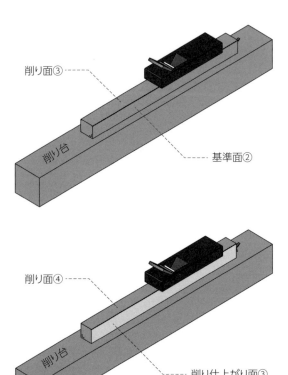

削り面③

削り台

基準面②

削り面④

削り台

削り仕上がり面③

Point ≫
鉋で部材を削る場合は、最初に荒しこ鉋でむら取り削りを行い、作業時間を短縮する。

08 鉋で仕上げた面の角にス
コヤを当て、直角になっ
ていることを確認する。

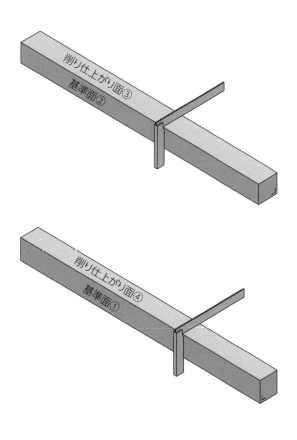

削り仕上がり面③
基準面②

削り仕上がり面④
基準面①

04 振たる木の木ごしらえ

[目　的]　振たる木の部材を規定の寸法に削り、正確な直方体を作ること。

準備するもの

❶ 部材（2本）

　（長さ720mm ×幅31.5mm ×成48.5mm）

❷ 墨壺（1個）

❸ 墨さし（1本）

❹ さしがね（大・小、1本）

❺ スコヤ（1本）

❻ 鉛筆（1本）

❼ 鉋（平鉋、寸六・寸八・小鉋、各1台）

❽ 玄能（大・小、各1本）

❾ 罫引き（1個）

❿ 羽根虫または釘（1個または2本）

⓫ かじや（1本）

⓬ 合板（1枚）

　（12mm × 910mm × 1820mm 程度）

⓭ 削り台（1本）

　（1000mm × 105mm × 105mm 程度）

⓮ 作業台（2本）

　（300mm × 105mm × 105mm 程度）

振たる木の木ごしらえ仕様

❶ 部材の仕上がり寸法

　平行四辺形断面

　（長さ720mm ×高さ30mm ×底辺40.82mm）

作業手順

01 削り面①を鉋で削り、基準面①を仕上げる

※鉋削りは1～2回程度。

> 🔧 **Point》**
> 鉋で部材を削る場合は、中しこ鉋、仕上げ鉋の順で行い、作業時間を短縮する。

02 鉋で仕上げた面にスコヤを当て、平らになっていることを確認する

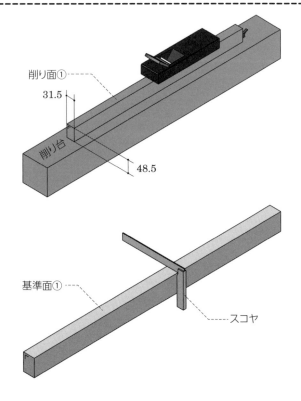

削り面①

31.5

削り台

48.5

基準面①

スコヤ

03 削り面②を鉋で削り、基
準面②を仕上げる

※鉋削りは 1 ～ 2 回程度。

> **🔧 Point »**
> 鉋で部材を削る場合は、中しこ鉋、
> 仕上げ鉋の順で行い、作業時間を
> 短縮する。

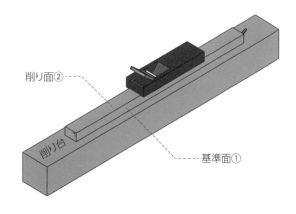

削り面② ┈┈
基準面① ┈┈
削り台

04 鉋で仕上げた面の角にス
コヤを当て、直角になっ
ていることを確認する

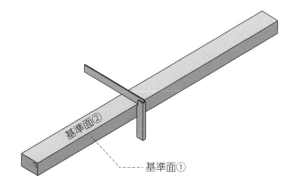

基準面②
基準面① ┈┈┈

05 基準面①から部材の幅が
30mm となる位置をさし
がねで測り、基準面に鉛
筆で印を付ける

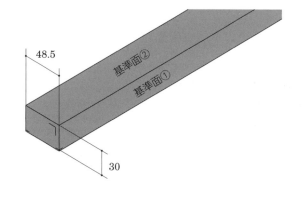

48.5
基準面②
基準面①
30

06 基準面に付けた印に罫引
きを合わせて、部材の 2
面に罫引き線を入れる

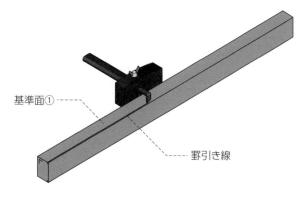

基準面① ┈┈┈
罫引き線

07 部材に入れた罫引き線まで、鉋で削る

※鉋をかけたときに消えた罫引き線は、再度、印に罫引きを合わせて、面に罫引き線を入れる。

> 🔧 **Point »**
> 鉋で部材を削る場合は、最初に荒しこ鉋でむら取り削りを行い、作業時間を短縮する。

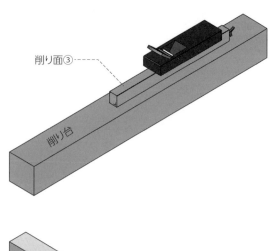

削り面③

削り台

08 鉋で仕上げた面の角にスコヤを当て、直角になっていることを確認する。

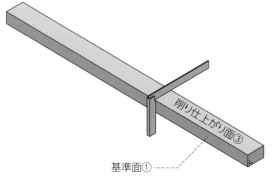

削り仕上がり面③

基準面①

09 部材両端の木口への墨付け

（1）現寸図から写し取る方法

1. 現寸図で描いた振たる木の木口図の点 a に、部材の木口の角が合うように置き、点 f および点 g の位置を写し取る。

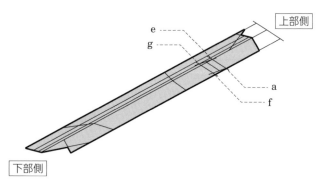

上部側

e

g

a

f

下部側

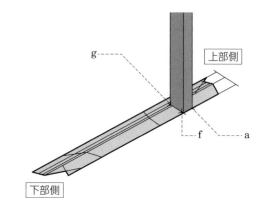

g

上部側

f

a

下部側

2. 現寸図で描いた振たる木の木口図の点 a に、部材の木口面の角が合うように置き、点 e の位置を写し取る。

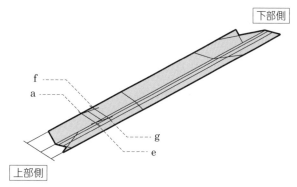

下部側

上部側

Point ≫
振たる木の木口図において、点 a、点 e、点 f、点 g は、木口図の外側に線を延長しておく。

---

3. もう一方の部材の木口面についても、1. と同様な作業を行う。

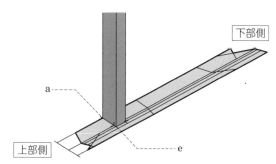

下部側

上部側

（2）計算値から墨付ける方法

1. 部材の木口面の点 a から左側に 40.82mm、点 b から左側に 6.12mm、40.82mm の順で寸法を取る。

2. 点 a と点 f、点 e と点 g を結ぶ線を自由がねで引く。この勾配を、加弓の返し勾配という。

3. もう一方の部材の木口面についても、1）〜2）と同様な作業を行う。

※寸法 40.82 mm、6.12mm の求め方は、p.106 を参照。

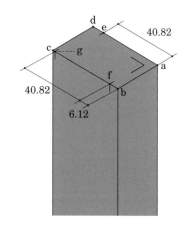

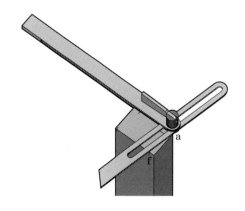

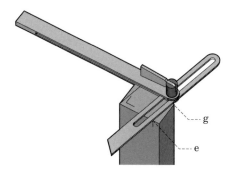

10 平行四辺形の断面の鉋削り

1. 部材両端の木口面に付けた点 e、点 f および点 g に罫引きを合わせて、部材の 2 面に罫引き線を入れる。

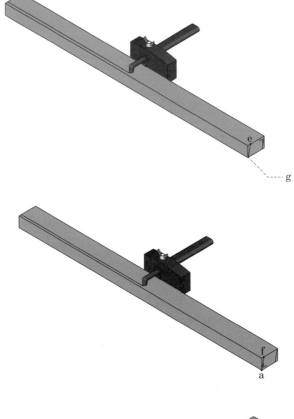

2. 部材の 2 面に入れた罫引き線まで、鉋で削る。

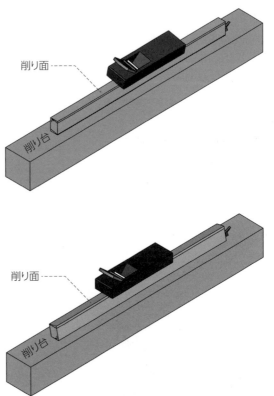

3. 鉋で仕上げた面に加弓の返し勾配を取った自由がねを当て、所定の勾配（20.41/100）になっていることを確認する。

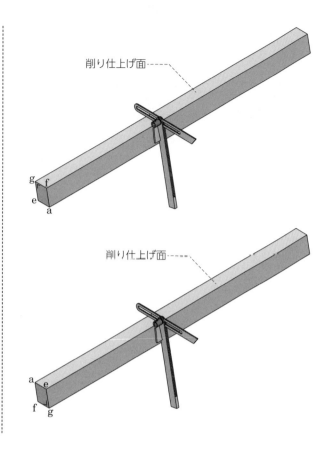

削り仕上げ面

削り仕上げ面

05 屋根筋かいの木ごしらえ

[目 的] 屋根筋かいの部材を規定の寸法に削り、正確な直方体を作ること。

準備するもの

❶ 部材（2本）
（長さ 480mm ×幅 31.5mm ×成 41.5mm）

❷ 墨壺（1個）

❸ 墨さし（1本）

❹ さしがね（大・小、1本）

❺ スコヤ（1本）

❻ 鉛筆（1本）

❼ 鉋（平鉋、寸六・寸八・小鉋、各1台）

❽ 玄能（大・小、各1本）

❾ 罫引き（1個）

❿ 羽根虫または釘（1個または2本）

⓫ かじや（1本）

⓬ 合板（1枚）
（12mm × 910mm × 1820mm 程度）

⓭ 削り台（1本）
（1000mm × 105mm × 105mm 程度）

⓮ 作業台（2本）
（300mm × 105mm × 105mm 程度）

屋根筋かいの木ごしらえ仕様

❶ 部材の仕上がり寸法
（長さ 480mm ×幅 30mm ×成 40mm）

❷ 部材の角
すべて直角仕上げ

作業手順

01 削り面①を鉋で削り、基準面①を仕上げる

※鉋削りは 1 ～ 2 回程度。

> **Point ≫**
> 鉋で部材を削る場合は、中しこ鉋、仕上げ鉋の順で行い、作業時間を短縮する。

02 鉋で仕上げた面にスコヤを当て、平らになっていることを確認する

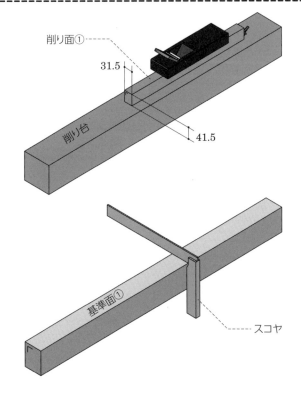

削り面①

31.5

41.5

削り台

基準面①

スコヤ

03 削り面②を鉋で削り、基準面②を仕上げる

※鉋削りは1～2回程度。

> 🛠 **Point »**
> 鉋で部材を削る場合は、中しこ鉋、仕上げ鉋の順で行い、作業時間を短縮する。

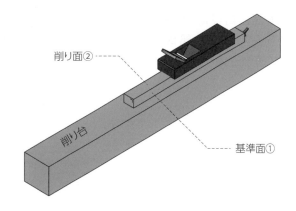

削り面②

削り台

基準面①

04 鉋で仕上げた面の角にスコヤを当て、直角になっていることを確認する

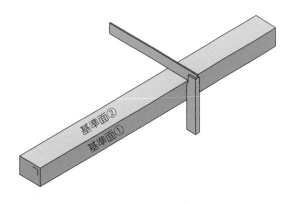

基準面②
基準面①

05 基準面①から部材の幅が30mm、基準面②から成が40mmとなる位置をさしがねで測り、基準面に鉛筆で印を付ける

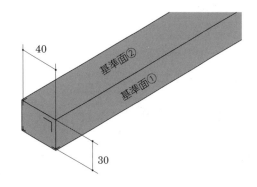

40

基準面②
基準面①

30

06 ▶ 基準面に付けた印に罫引きを合わせて、部材の4面に罫引き線を入れる

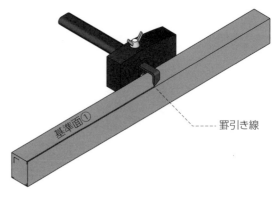

基準面① ── 罫引き線

罫引き線 ──── 基準面② 基準面①

07 ▶ 部材に入れた罫引き線まで、鉋で削る

※鉋をかけたときに消えた罫引き線は、再度、印に罫引きを合わせて、面に罫引き線を入れる。

> 🔧 **Point** 》
> 鉋で部材を削る場合は、最初に荒しこ鉋でむら取り削りを行い、作業時間を短縮する。

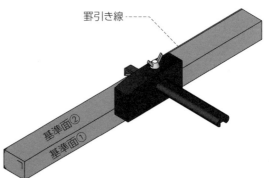

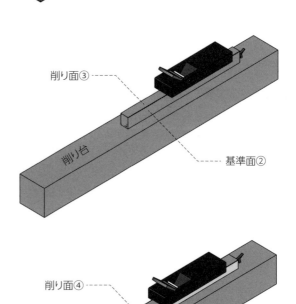

削り面③ ──── 基準面②

削り台

削り面④ ──── 削り仕上がり面③

削り台

08 鉋で仕上げた面の角にスコヤを当て、直角になっていることを確認する

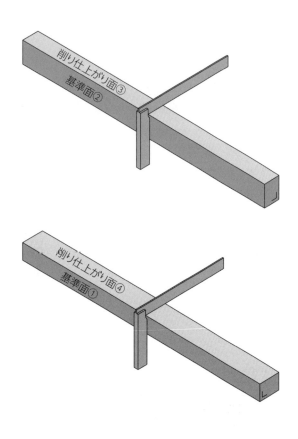

削り仕上がり面③
基準面②

削り仕上がり面④
基準面①

01

柱の墨付け

[目　的]　柱と振たる木、柱と梁の取合い部に設ける振たる木の勾配墨、ほぞ墨および峠墨を墨付けること。

準備するもの

❶ 部材（1 本）

　（長さ 500mm ×幅 50mm ×成 50mm）

❷ 墨壺（1 個）

❸ 墨さし（1 本）

❹ さしがね（1 本）

❺ スコヤ（1 本）

❻ 自由がね（1 本）

❼ 罫引き（1 本）

❽ 鉛筆（1 本）

❾ 作業台（2 本）

　（300mm × 105mm × 105mm 程度）

❿ 合板（1 枚）

　（12mm × 910mm × 1 820mm 程度）

使用する勾配

❶ 平勾配の返し勾配（50/100）

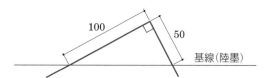

作業手順

01 ▶ 部材の両端の幅の中心位置に、罫引きで切り欠き溝①を付ける

※さしがねを使用して鉛筆で部材の両端の幅の中心位置を印してもよい。

02 ▶ 芯墨の墨付け

1. 罫引きで付けた切り欠き溝① に壺糸を合わせ、梁の正面および背面に芯墨②を引く。

2. 柱の正面および背面に芯墨印 ③を付ける。

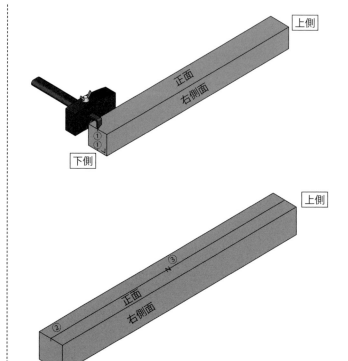

03 右側面側の墨付け

1. 正面から背面の方向に 33.54mm を取り、柱と梁の取合い部の芯墨④を引く。

2. 芯墨印③を付ける。

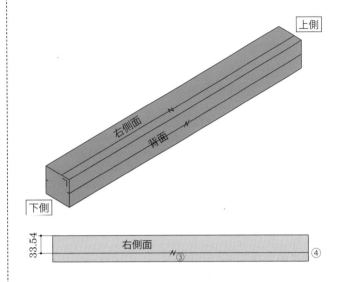

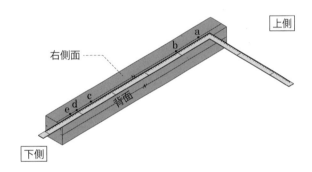

3. 芯墨上に、点 a ～ 点 e の位置を付ける。

> **Point ≫**
> ①柱のほぞの長さは、梁の成と同じで、45mm である。
> ②実際の柱の長さは、柱のほぞの長さ＋梁の上端から柱の峠までの長さ＋柱の峠から柱の最上部までの長さ＝ 45 + 500 × 5/10 + 80 = 375mm である。
> これに柱加工組立用の長さ 15mm を取り、柱の全体の長さを 375 + 15 = 390mm とする。

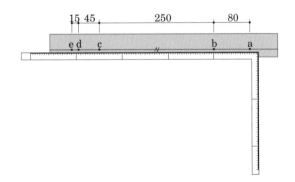

第3講 2級建築大工技能の実技

4. 点 a から切り墨⑤、点 b から
 峠墨⑥、点 c から胴付き墨⑦、
 点 d から切り墨⑧、点 e から加
 工組立の墨⑨を矩（直角）で引
 く。

5. 切り墨印⑩、峠墨印⑪、ほぞ
 印⑫を付ける。

6. 点 b を通る振たる木の勾配墨
 ⑬を平勾配の返し勾配で引く。

※平勾配の返し勾配は、芯墨④上
 に さ し が ね の 長 手 寸 法 が
 100mm、妻手寸法が 50mm と
 なるように取る。

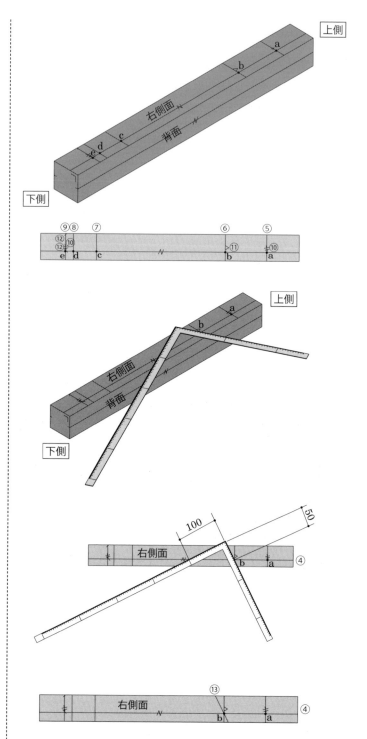

04 正面の墨付け

1. 柱の芯墨②から両側に16.77mmを振り分け、振たる木の芯墨⑭⑮を引く。

2. 芯墨印③を付ける。

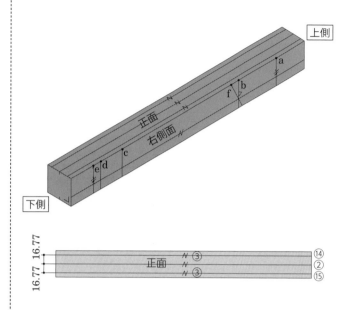

3. 点aから切り墨⑤、点bから峠墨⑥、点eから振たる木の勾配墨⑬、点cから胴付き墨⑦、点dから切り墨⑧、点eから加工組立用の墨⑨を矩（直角）で引く。

4. 柱の芯墨②から両側に9mmを振り分け、ほぞの幅墨⑯⑰を引く。

5. 切り墨印⑩、峠墨印⑪、ほぞ印⑫を付ける。

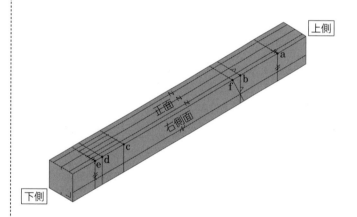

05 ▶ 左側面側の墨付け

1. 正面から背面の方向に33.54mm を取り、柱と梁の取合い部の芯墨④を引く。

2. 芯墨印③を付ける。

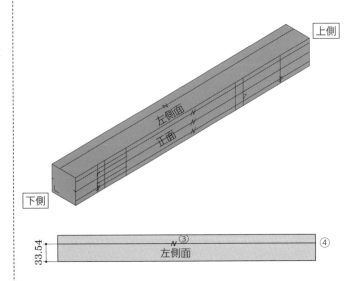

3. 点 a から切り墨⑤、点 b から峠墨⑥、点 c から胴付き墨⑦、点 d から切り墨⑧、点 e から加工組立用の墨⑨を矩（直角）で引く。

4. 切り墨印⑩、峠墨印⑪、ほぞ印⑫を付ける。

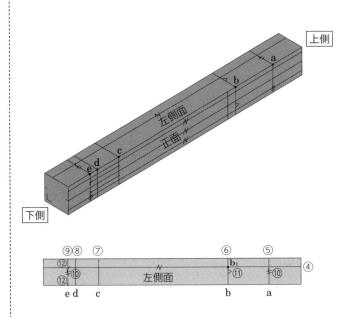

5. 点 b_1 を通る振たる木の勾配墨
⑬を平勾配の返し勾配で引く。

※平勾配の返し勾配は、芯墨④上
にさしがねの長手寸法が
50mm、妻手寸法が100mmと
なるように取る。

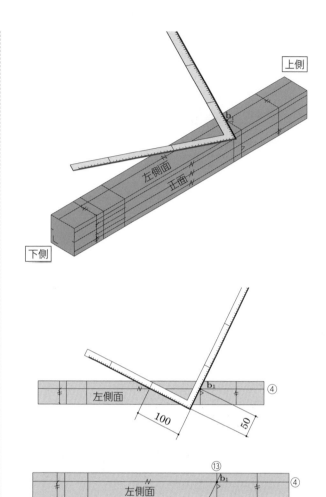

06 背面の墨付け

1. 点 a から切り墨⑤、点 b から
峠墨⑥、点 b から峠墨⑥、点 c
から胴付き墨⑦、点 d から切り
墨⑧、点 e から加工組立用の墨
⑨を矩(直角)で引く。

2. 柱の芯墨②から両側に9mmを
振り分け、ほぞの幅墨⑯⑰を引
く。

3. 切り墨印⑩、峠墨印⑪、ほぞ
印⑫を付ける。

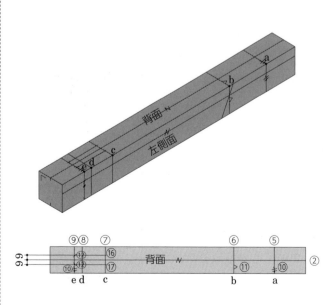

02 桁の墨付け

Level ★★★☆☆

[目 的] 桁と梁、桁と振たる木の取合い部に設ける蟻の勾配墨および振たる木の芯墨などを墨付けること。

準備するもの

❶ 部材（1本）
（長さ 700mm ×幅 50mm ×成 45mm）
❷ 墨壺（1個）
❸ 墨さし（1本）
❹ さしがね（1本）
❺ スコヤ（1本）
❻ 自由がね（1本）
❼ 罫引き（1本）
❽ 鉛筆（1本）

❾ 作業台（2本）
（300mm × 105mm × 105mm 程度）
❿ 合板（1枚）
（12mm × 910mm × 1 820mm 程度）

使用する勾配

❶ 平勾配の返し勾配（50/100）

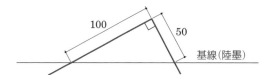

100 50 基線(陸墨)

作業手順

※一般的に桁の墨付けは、桁の芯墨を基準に墨付けを行うため、本書では、桁の芯墨を上端および下端に入れた墨付け手順となっている。しかし、実技試験問題では、桁の芯墨を入れる仕様になっていないので、桁の芯墨の墨付けを省略してよい。

01 部材の両端の幅の中心位置に、罫引きで切り欠き溝①を付ける

※さしがねを使用して鉛筆で部材の両端の幅の中心位置を印してもよい。

02 芯墨の墨付け

1. 罫引きで付けた切り欠き溝①に壺糸を合わせ、桁の上端および下端に芯墨②を引く。

2. 桁の上端および下端に芯墨印③を付ける。

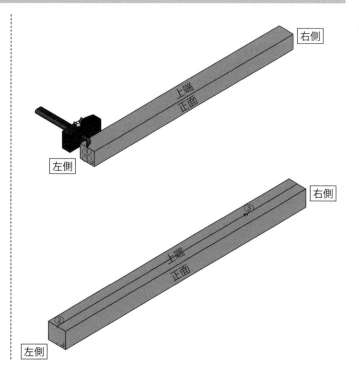

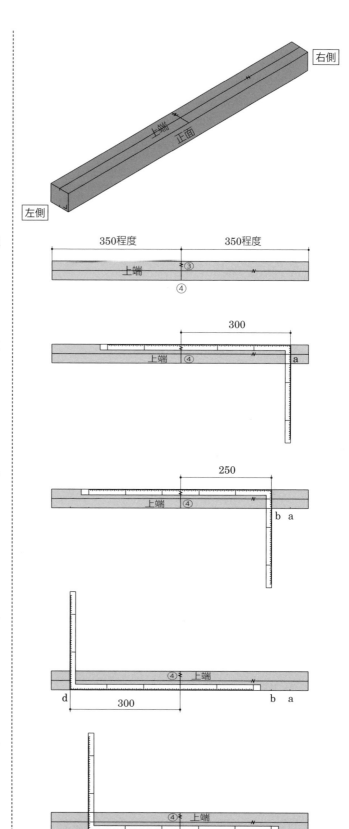

03 上端の墨付け

1. 部材の端から 350mm 程度を取り、梁の芯墨④を引く。

2. 芯墨印③を付ける。

3. 梁の芯墨④から右側に 300mm、点 a の位置を付ける。

4. 梁の芯墨④から右側に 250mm、点 b の位置を付ける。

5. 梁の芯墨④から左側に 300mm、点 d の位置を付ける。

6. 梁の芯墨④から左側に 250mm、点 c の位置を付ける。

7. 点 a を通る切り墨⑤を平勾配
の返し勾配で引く。

※平勾配の返し勾配は、芯墨上に
さしがねの長手寸法が 100mm、
妻手寸法が 50mm となるように
取る。

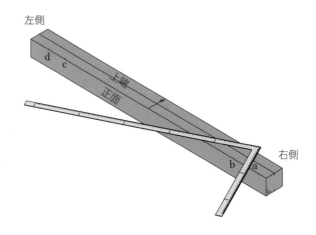

8. 点 b を通る振たる木の芯墨⑥
を平勾配の返し勾配で引く。

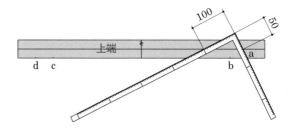

9. 芯墨印③、切り墨印⑦を付け
る。

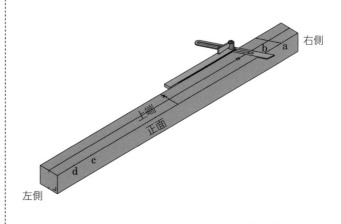

10. 振たる木の芯墨⑥から両側に
15mmを振り分け、振たる木の
幅墨⑧⑨を平勾配の返し勾配で
引く。

> **Point »**
> 複数の平勾配の返し勾配（5/10）
> 線を引く場合は、自由がねを使用
> すると、時間の短縮となる。

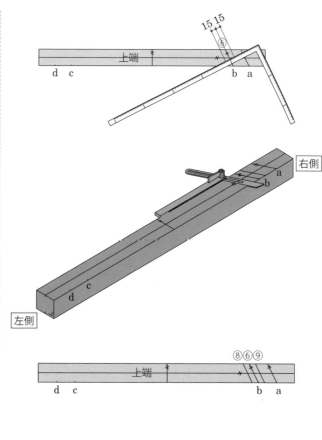

9. 点dを通る切り墨⑩、点cを
通る振たる木の芯墨⑪を平勾配
の返し勾配で引く。

10. 芯墨印③、切り墨印⑦を付け
る。

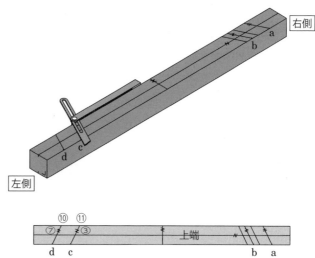

11. 振たる木の芯墨⑪から両側に
15mm を振り分け、振たる木の
幅墨⑫⑬を平勾配の返し勾配で
引く。

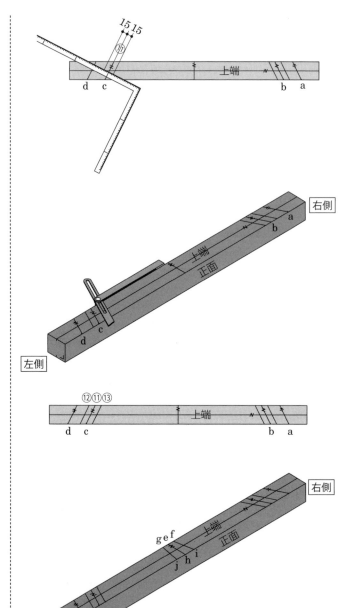

12. 点 e から両側に 15mm を振り
分け、部材の角に点 f および点
g の位置を付ける。

13. 点 h から両側に 25mm を振
り分け、部材の角に点 i および
点 j の位置を付ける。

14. 点 f と点 i、点 g と点 j を結び、
蟻の勾配墨⑭⑮を引く。

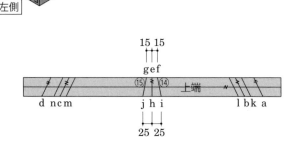

04 背面の墨付け

1. 点 a から切り墨⑤、点 k から振たる木の幅墨⑧、点 b から振たる木の芯墨⑥、点 l から振たる木の幅墨⑨、点 e から振たる木の芯墨④、点 m から振たる木の幅墨⑬、点 c から振たる木の芯墨⑪、点 n から振たる木の幅墨⑫、点 d から切り墨⑩を矩（直角）で引く。

2. 点 f および点 g から蟻の幅墨⑯⑰を矩（直角）で引く。

3. 蟻の幅墨⑯⑰上に、上端面から下端面の方向に 22.5mm を取り、蟻の深さ墨⑱を引く。

4. 芯墨印③、切り墨印⑦、欠き取りの印⑲を付ける。

05 正面の墨付け

1. 点 a から切り墨⑤、点 b から振たる木の芯墨⑥、点 h から振たる木の芯墨④、点 c から振たる木の芯墨⑪、点 d から切り墨⑩を矩（直角）で引く。

2. 点 i および点 j から蟻の幅墨⑳㉑を矩（直角）で引く。

3. 蟻の幅墨⑳㉑上に、上端面から下端面の方向に 22.5mm を取り、蟻の深さ墨⑱を引く。

4. 芯墨印③、切り墨印⑦、欠き取りの印⑲を付ける。

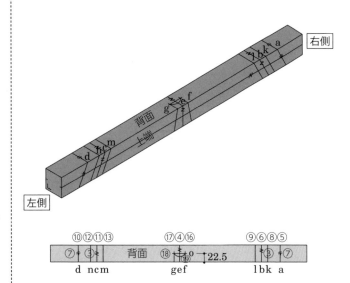

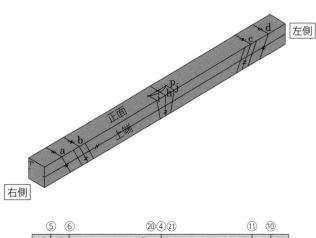

06 下端の墨付け

1. 点 h から振たる木の芯墨④を矩（直角）で引く。

2. 点 a から切り墨⑤、点 b から振たる木の芯墨⑥、点 c から振たる木の芯墨⑪、点 d から切り墨⑩を平勾配の返し勾配で引く。

3. 芯墨印③、切り墨印⑦を付ける。

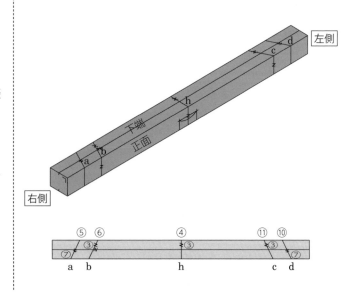

03 梁の墨付け

> **[目 的]** 梁と桁、梁と柱の取合い部に設ける蟻の勾配墨、胴付き墨及びほぞ穴墨を墨付けること。

準備するもの

❶ 部材（1本）
　（長さ 620mm ×幅 50mm ×成 45mm）
❷ 墨壺（1個）
❸ 墨さし（1本）
❹ さしがね（1本）
❺ スコヤ（1本）
❻ 自由がね（1本）
❼ 罫引き（1本）
❽ 鉛筆（1本）
❾ 作業台（2本）
　（300mm × 105mm × 105mm 程度）
❿ 合板（1枚）
　（12mm × 910mm × 1 820mm 程度）

作業手順

01 部材の両端の幅の中心位置に、罫引きで切り欠き溝①を付ける

※さしがねを使用して鉛筆で部材の両端の幅の中心位置を印してもよい。

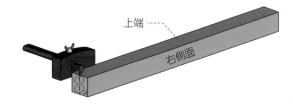

02 芯墨の墨付け

1. 罫引きで付けた切り欠き溝①に壺糸を合わせ、梁の上端および下端に芯墨②を引く。

2. 梁の上端および下端に芯墨印③を付ける。

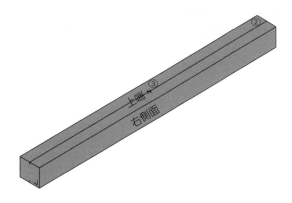

03 上端の墨付け

1. 芯墨上に、点 a～点 e の位置を付ける。

2. 点 a から切り墨④、点 b から蟻の長さ墨⑤、点 c および点 d からほぞ穴の長さ墨⑥⑦、点 e から梁と柱の取合い墨⑧、点 f から切り墨⑨を矩（直角）で引く。

3. 点 a から両側に 25mm を振り分け、材の角に点 g および点 h の位置を付ける。

4. 点 b から両側に 15mm を振り分け、蟻の長さ墨⑤上に点 i 及び点 j の位置を付ける。

5. 点 g と点 i、点 h と点 j を結び、蟻の勾配墨⑩⑪を引く。

6. 点 c から両側に 9mm を振り分け、ほぞ穴の幅墨⑫⑬を引く。

7. 芯墨印③、切り墨印⑭、ほぞ穴印⑮を付ける。

✂ Point ≫
①梁のほぞ穴の長さは、33.54mm である。**p.78** を参照
②梁の長さは、500 − 33.54 ＋ 50 ＋ 15 ＝ 531.46mm である。

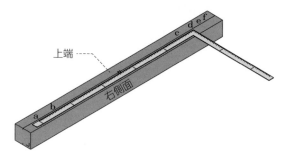

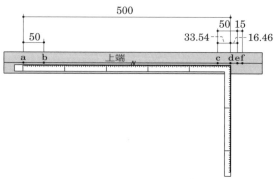

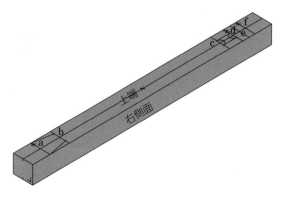

04 ▶ 左側面の墨付け

1. 点 a から切り墨④、点 b から蟻の長さ墨⑤、点 c および点 d からほぞ穴の長さ墨⑥⑦、点 f から切り墨⑨を矩（直角）で引く。

2. 切り墨④および蟻の長さ墨⑤上に、上端面から下端面の方向に 22.5mm を取り、蟻の高さ墨⑯を引く。

3. 芯墨印③、切り墨印⑭、ほぞ印⑰を付ける。

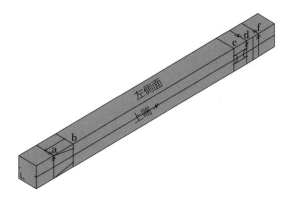

05 ▶ 下端の墨付け

1. 点 a から切り墨④、点 b から蟻の長さ墨⑤、点 c および点 d からほぞ穴の長さ墨⑥⑦、点 f から切り墨⑨を矩（直角）で引く。

2. 点 c から両側に 9mm を振り分け、ほぞ穴の幅墨⑫⑬を引く

3. 切り墨印⑪、ほぞ印⑫を付ける。

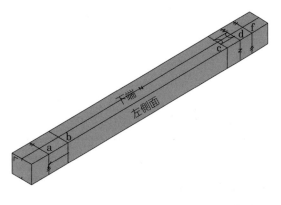

06 ▶ 右側面の墨付け

1. 点 a から切り墨④、点 b から蟻の長さ墨⑤、点 c および点 d からほぞ穴の長さ墨⑥⑦、点 f から切り墨⑨を矩（直角）で引く。

2. 切り墨④および蟻の長さ墨⑤上に、上端面から下端面の方向に 22.5mm を取り、蟻の高さ墨⑯を引く。

3. 芯墨印③、切り墨印⑭、ほぞ印⑰を付ける。

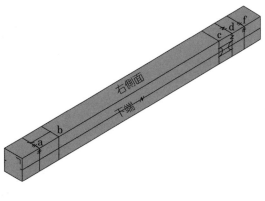

04 左振たる木の墨付け

[目 的] 振たる木と柱、振たる木と桁、振たる木と屋根筋かいの取合い部に設ける胴付き墨および屋根筋かいの芯墨などを墨付けること。

準備するもの

❶ 部材（2 本）
（長さ 720mm ×幅 30.62mm ×成 40.82mm）
❷ 墨壺（1 個）
❸ 墨さし（1 本）
❹ さしがね（1 本）
❺ スコヤ（1 本）
❻ 自由がね（3 本）
❼ 罫引き（1 本）
❽ 鉛筆（1 本）
❾ 作業台（2 本）
（300mm × 105mm × 105mm 程度）
❿ 合板（1 枚）
（12mm × 910mm × 1 820mm 程度）

基本図と関連する勾配

❶ 中勾勾配、中勾の返し勾配（44.72/100）
❷ 短玄の返し勾配（22.36/100）

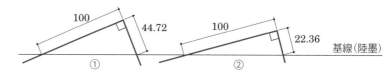

作業手順

01 平らな場所に部材を置き、左振たる木と右振たる木を確認する

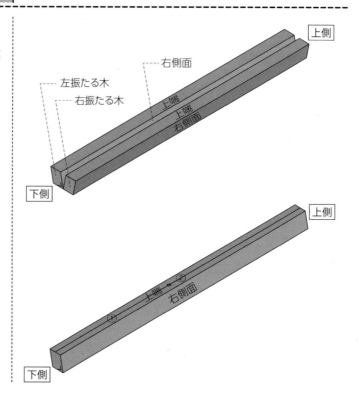

02 芯墨の墨付け

1. 振たる木の上端および下端に芯墨①を引く。

2. 振たる木の上端および下端に芯墨印②を付ける。

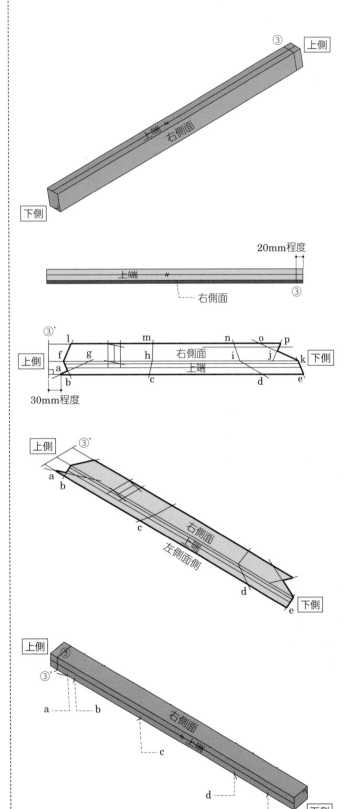

03 基準墨の墨付け

1. 部材の端から 20mm 程度を取り、部材上の墨付け用の基準墨③を、矩（直角）で4面に引く。

2. 現寸図で描いた右屋根筋かい展開図の点aから 30mm 程度を取り、現寸図上の墨付け用の基準墨③'を引く。

04 上端の墨付け

1. 部材上の墨付け用の基準墨③と現寸図上の墨付け用の基準墨③'を合わせる。

※本作業は墨付ける面が変わるごとに行う。

2. 現寸図で描いた左振たる木展開図の上端と左側面の境界線を基準として、部材の上端と左側面の角が合うように置き、点a～eの位置を部材の上端に写し取る。

3. 現寸図で描いた左振たる木展開図の上端と右側面の境界線を基準として、部材の上端と右側面の角が合うように置き、点 f 〜 k の位置を部材の上端に写し取る。

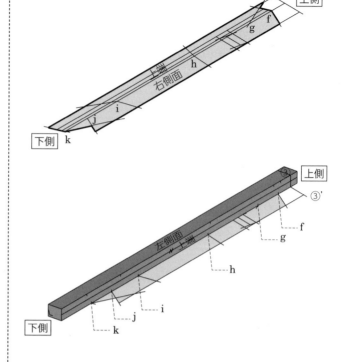

4. 点 a から点 g に向け、胴付き墨④を中勾勾配で引く。

5. 点 b から点 f に向け、胴付き④を中勾の返し勾配で引く。

6. 点 c から点 h に向け、左屋根筋かいの芯墨⑤を短玄の返し勾配で引く。

7. 点 d から点 i に向け、右屋根筋かいの芯墨⑥を引く。

8. 点 e から点 k に向け、胴付き墨⑦を中勾の返し勾配で引く。

9. 点 j から点 j_1 に向け、胴付き墨⑦を中勾の返し勾配で引く。

10. 芯墨印②、切り墨印⑧を付ける。

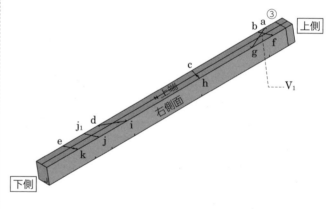

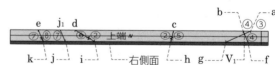

05 右側面の墨付け

1. 現寸図で描いた左振たる木展開図の右側面と下端の境界線を基準として、部材の右側面と下端の角が合うように置き、点 l ～ p の位置を部材の右側面に写し取る。

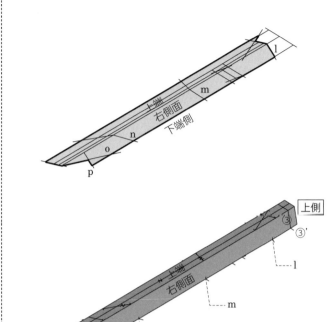

2. 点 f から点 l に向け、胴付き墨④を中勾の返し勾配で引く。

3. 点 h から点 m に向け、左屋根筋かいの芯墨⑤を引く。

4. 点 i から点 n に向け、右屋根筋かいの芯墨⑥を引く。

5. 点 j から点 p に向け、胴付き墨⑦を中勾の返し勾配で引く。

6. 点 k から点 o に向け、胴付き墨⑦を中勾勾配で引く。

7. 芯墨印②、切り墨印⑧を付ける。

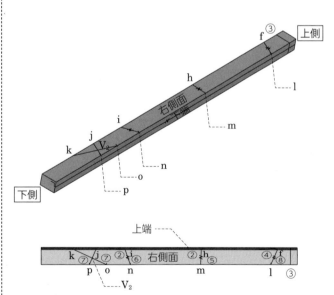

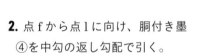

第3講
2級建築大工技能の実技

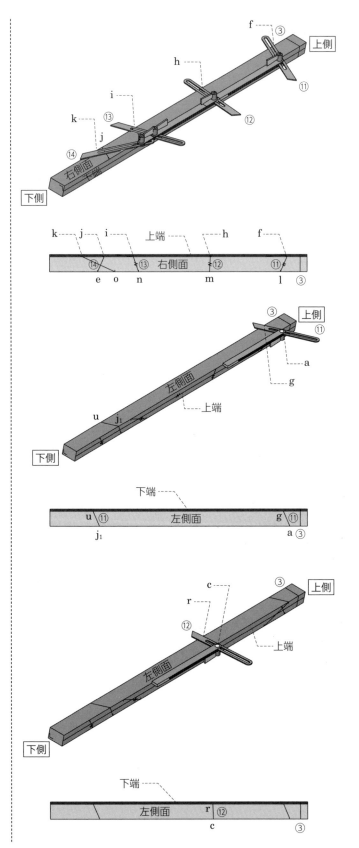

06 左側面の墨付け

1. 右側面において、自由がねで
点 f から点 l、点 h から点 m、
点 i から点 n および点 k から点
o を結び、墨付け勾配⑪⑫⑬⑭
でつくる。

2. 左側面において、点 a から墨
付け勾配⑪を取り、点 q の位置
を求める。

3. 点 j_1 から墨付け勾配⑪を取り、
点 u の位置を求める。

4. 点 c から墨付け勾配⑫を取り、
点 r の位置を求める。

5. 点 d から墨付け勾配⑬を取り、
点 s の位置を求める。

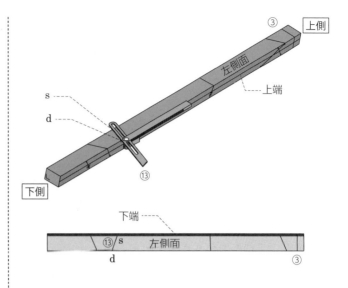

6. 点 e から墨付け勾配⑭を取り、
点 V_2' の位置を求める。

7. 芯墨印②、切り墨印⑧を付け
る。

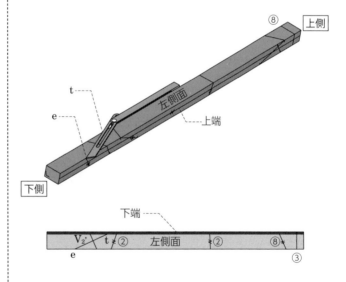

07 下端の墨付け

1. 上端において、自由がねで点 a から点 g、点 e から点 h、点 d から点 i および点 e から点 k を結び、墨付け勾配⑮⑯⑰⑱でつくる。

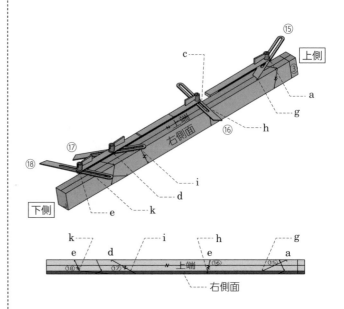

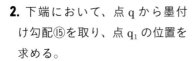

2. 下端において、点 q から墨付け勾配⑮を取り、点 q_1 の位置を求める。

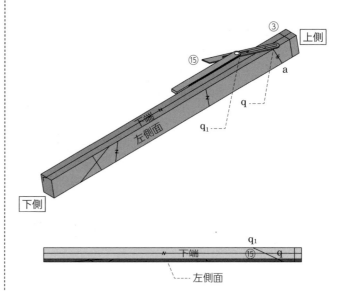

3. 点 r から墨付け勾配⑯を取り、
点 m の位置を求める。

4. 点 s から墨付け勾配⑰を取り、
点 n の位置を求める。

5. 点 u から墨付け勾配⑱を取り、
点 p の位置を求める。

6. 点 l から墨付け勾配⑱を取り、
点 V_1' の位置を求める。

7. 芯墨印②、切り墨印⑧を付け
る。

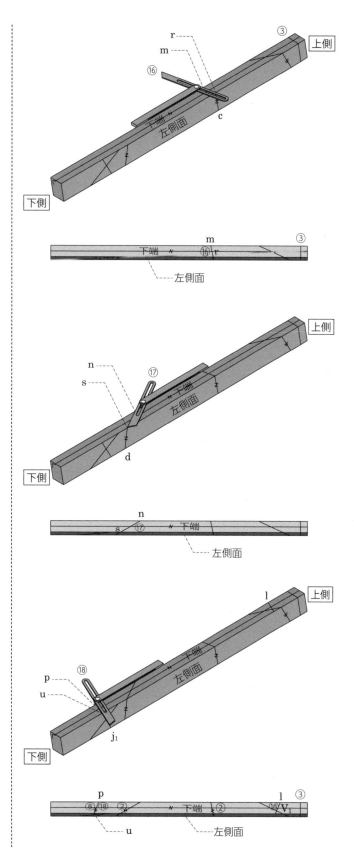

05 右振たる木の墨付け

[目 的] 振たる木と柱、振たる木と桁、振たる木と屋根筋かいの取合い部に設ける胴付き墨および屋根筋かいの芯墨などを墨付けること。

準備するもの

❶ 部材（2本）
　（長さ 720mm ×幅 30.62mm ×成 40.82mm）
❷ 墨壺（1個）
❸ 墨さし（1本）
❹ さしがね（1本）
❺ スコヤ（1本）
❻ 自由がね（3本）
❼ 罫引き（1本）
❽ 鉛筆（1本）
❾ 作業台（2本）
　（300mm × 105mm × 105mm 程度）
❿ 合板（1枚）
　（12mm × 910mm × 1 820mm 程度）

基本図と関連する勾配

❶ 中勾勾配、中勾の返し勾配（44.72/100）
❷ 短玄の返し勾配（22.36/100）

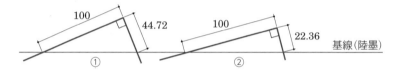

作業手順

01 芯墨および基準墨の墨付け

1. 振たる木の上端および下端に芯墨①を引く。

2. 振たる木の上端および下端に芯墨印②を付ける。

3. 部材の端から 20mm 程度を取り、部材上の墨付け用の基準墨③を、矩（かね）（直角）で 4 面に引く。

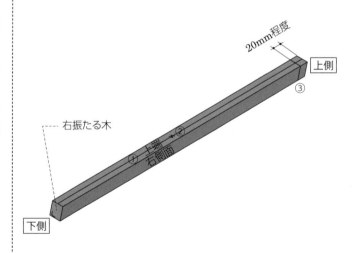

02 ▶ 上端の墨付け

1. 部材上の墨付け用の基準墨③
と現寸図上の墨付け用の基準墨
③'を合わせる。

※本作業は墨付ける面が変わるご
とに行う。

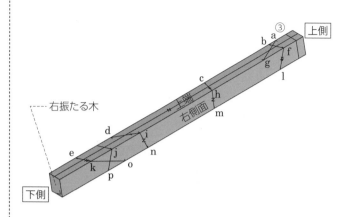

2. 左振たる木の上端と右側面の
境界線を基準として、右振たる
木の上端と左側面の角が合うよ
うに置き、点f〜kの位置を部
材の上端に写し取る。

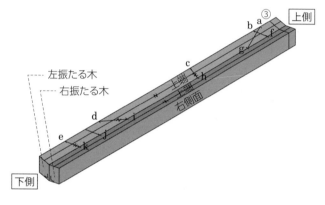

3. 左振たる木の上端と左側面の
境界線を基準として、右振たる
木の上端と右側面の角が合うよ
うに置き、点a〜eの位置を部
材の上端に写し取る。

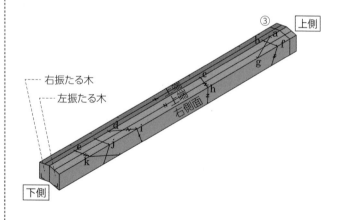

2級建築大工技能の実技

4. 点 a から点 V_1 に向け、胴付き墨④を中勾勾配で引く。

5. 点 V_1 から点 f に向け、胴付き墨④を中勾の返し勾配で引く。

6. 点 c から点 h に向け、右屋根筋かいの芯墨⑤を短玄の返し勾配で引く。

7. 点 d から点 i に向け、左屋根筋かいの芯墨⑥を引く。

8. 点 e から点 k に向け、胴付き墨⑦を中勾の返し勾配で引く。

9. 芯墨印②、切り墨印⑧を付ける。

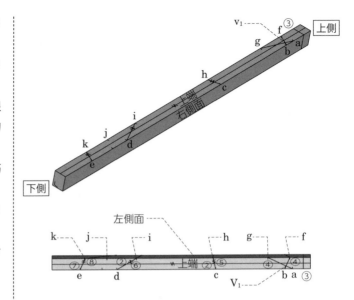

03 左側面の墨付け

1. 左振たる木の右側面と下端の境界線を基準として、右振たる木の左側面と下端の角が合うように置き、点 l ～ p の位置を部材の左側面に写し取る。

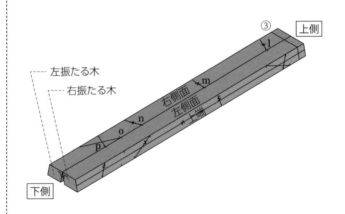

2. 点 l から点 f に向け、胴付き墨④を中勾の返し勾配で引く。

3. 点 m から点 h に向け、左屋根筋かいの芯墨⑤を引く。

4. 点 n から点 i に向け、右屋根筋かいの芯墨⑥を引く。

5. 点 p から点 j に向け、胴付き墨⑦を中勾の返し勾配で引く。

6. 点 o から点 k に向け、胴付き墨⑦を中勾勾配で引く。

7. 芯墨印②、切り墨印⑧を付ける。

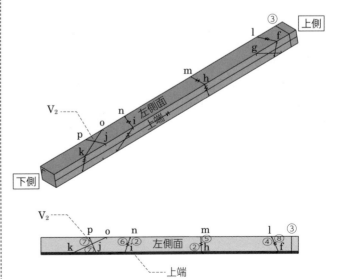

04 下端の墨付け

1. 左振たる木の下端と左側面の境界線を基準として、右振たる木の下端と右側面の角が合うように置き、点 q_1、l_1、r、s、u の位置を部材の下端に写し取る。

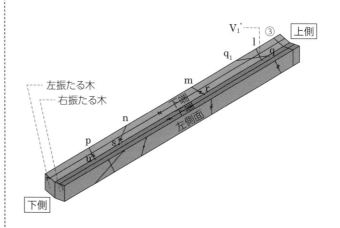

2. 左振たる木の下端と右側面の境界線を基準として、右振たる木の下端と左側面の角が合うように置き、点 l、q_1、m、n、p の位置を部材の下端に写し取る。

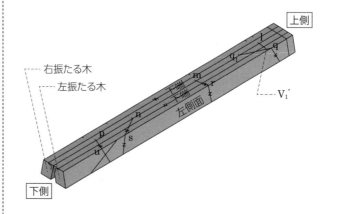

3. 点 l_1 から点 l に向け、胴付き墨④を中勾の返し勾配で引く。

4. 点 q から点 q_1 に向け、胴付き墨④を中勾勾配で引く。

5. 点 r から点 m に向け、左屋根筋かいの芯墨⑤を、短玄勾配で引く。

6. 点 s から点 n に向け、右屋根筋かいの芯墨⑥を引く。

7. 点 u から点 p に向け、胴付き墨⑦を中勾の返し勾配で引く。

8. 芯墨印②、切り墨印⑧を付ける。

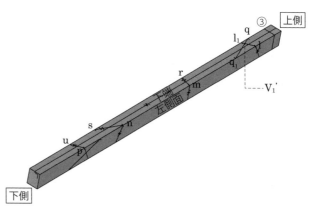

05 右側面の墨付け

1. 左振たる木の左側面と上端の境界線を基準として、右振たる木の右側面と上端の角が合うように置き、点 a、c、d、u、e の位置を部材の右側面に写し取る。

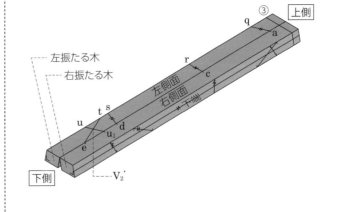

2. 左振たる木の左側面と下端の境界線を基準として、右振たる木の右側面と下端の角が合うように置き、点 q、r、s、t、u の位置を部材の右側面に写し取る。

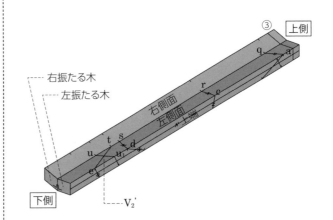

3. 点 a から点 q に向け、胴付き墨④を中勾の返し勾配で引く。

4. 点 c から点 r に向け、左屋根筋かいの芯墨⑤を引く。

5. 点 d から点 s に向け、右屋根筋かいの芯墨⑥を引く。

6. 点 u_1 から点 u に向け、胴付き墨⑦を中勾の返し勾配で引く。

7. 点 e から点 t に向け、胴付き墨⑦を中勾勾配で引く。

8. 芯墨印②、切り墨印⑧を付ける。

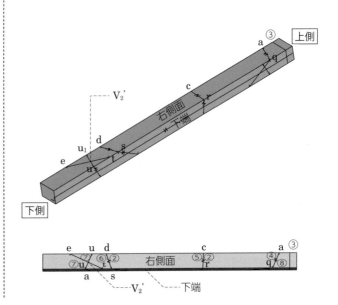

右屋根筋かいの墨付け

[目　的]　屋根筋かいと振たる木、右屋根筋かいと左屋根筋かいの取合い部に設ける切り墨および欠き取り墨などを墨付けること。

準備するもの

❶ 部材（2本）
　（長さ 480mm ×幅 30mm ×成 40mm）
❷ 墨壺（1個）
❸ 墨さし（1本）
❹ さしがね（1本）
❺ スコヤ（1本）
❻ 自由がね（3本）
❼ 罫引き（1本）
❽ 鉛筆（1本）
❾ 作業台（2本）
　（300mm × 105mm × 105mm 程度）
❿ 合板（1枚）
　（12mm × 910mm × 1 820mm 程度）

基本図と関連する勾配

❶ 短玄の返し勾配（22.36/100）

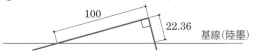

作業手順

01 部材の両端の幅の中心位置に、罫引きで切り欠き溝①を付ける

※さしがねを使用して鉛筆で部材の両端の幅の中心位置を印してもよい。

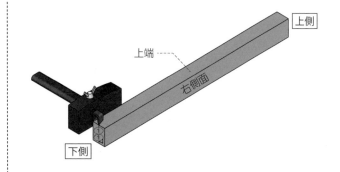

02 芯墨の墨付け

1. 罫引きで付けた切り欠き溝①に壺糸を合わせ、屋根筋かいの上端および下端に芯墨②を引く。
2. 屋根筋かいの上端および下端に芯墨印③を付ける。

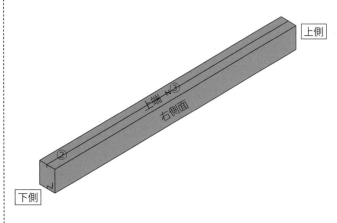

03 基準墨の墨付け

1. 部材の端から 20mm 程度を取り、部材上の墨付け用の基準墨④を、矩（直角）で4面に引く。

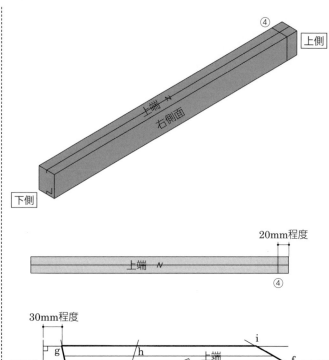

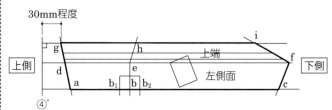

2. 現寸図で描いた右屋根筋かい展開図の点 g から 30mm 程度を取り、現寸図上の墨付け用の基準墨④'を引く。

04 上端の墨付け

1. 部材上の墨付け用の基準墨④と現寸図上の墨付け用の基準墨④'を合わせる。

※本作業は墨付ける面が変わるごとに行う。

2. 現寸図で描いた右屋根筋かい展開図の上端と左側面の境界線を基準として、部材の上端と左側面の角が合うように置き、点 d、点 e、点 f の位置を部材の上端に写し取る。

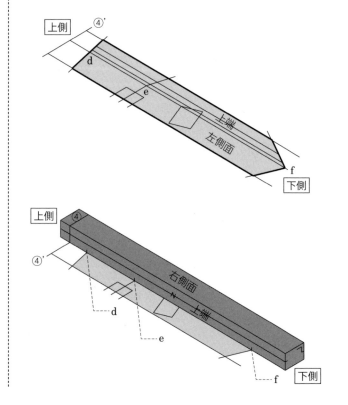

3. 現寸図で描いた右屋根筋かい
展開図の上端と右側面の境界線
を基準として、部材の上端と右
側面の角が合うように置き、点
g、点h、点iの位置を部材の上
端に写し取る。

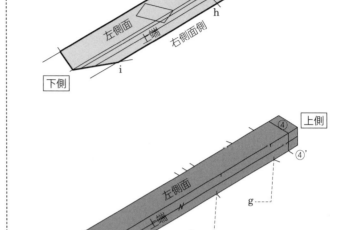

4. 点dから点gに向け、切り墨
⑤を短玄の返し勾配で引く。

5. 点eから点hに向け、左屋根
筋かいの芯墨⑥を引く。

6. 点fから点iに向け、切り墨⑤
を引く。

7. 芯墨印③、切り墨印⑦を付け
る。

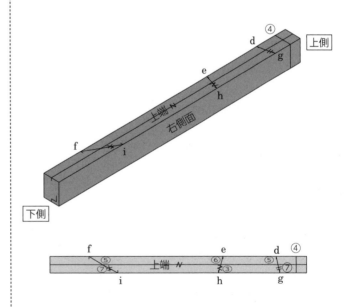

05 左側面の墨付け

1. 現寸図で描いた右屋根筋かい
展開図の左側面と下端の境界線
を基準として、部材の左側面と
下端の角が合うように置き、点
a、点 b_1、点 b、点 b_2、点 c の
位置を部材の左側面に写し取
る。

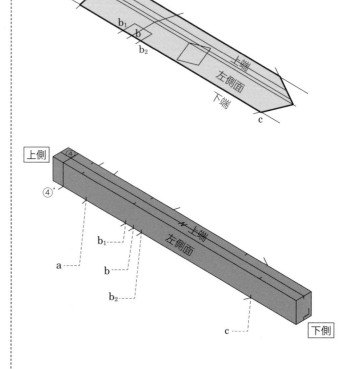

2. 点 a から点 d に向け、切り墨
⑤を引く。

3. 点 b から点 e に向け、芯墨⑥
を矩（直角）で引く。

4. 点 c から点 f に向けて、切り墨
⑤を引く。

5. 下端面から上端面の方向に
20mm をとり、欠き取りの高さ
墨⑧を引く。

6. 点 b_1 および点 b_2 から欠き取り
の幅墨⑨を矩（直角）で引く。

7. 芯墨印③、切り墨印⑦、欠き
取りの印⑩を付ける。

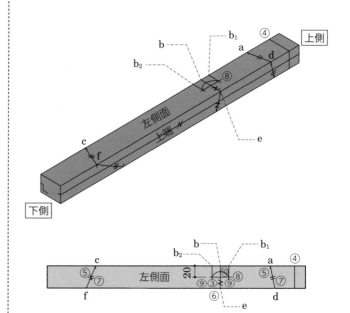

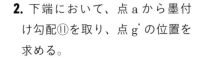

06 下端の墨付け

1. 上端において、自由がねで点dから点g、点eから点hおよび点fから点iを結び、墨付け勾配⑪⑫⑬でつくる。

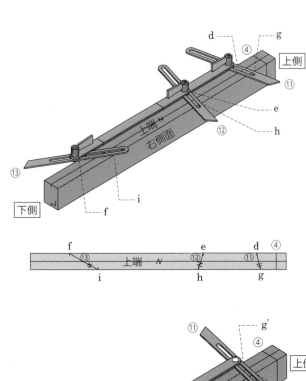

2. 下端において、点aから墨付け勾配⑪を取り、点g'の位置を求める。

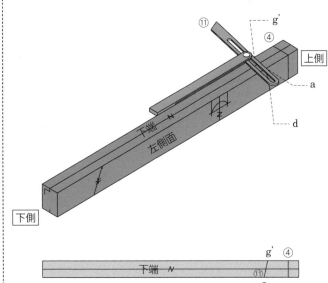

3. 点 b から墨付け勾配⑫を取り、点 h' の位置を求める。

4. 点 b_1 および点 b_2 から欠き取りの幅墨⑧を墨付け勾配⑫で引く。

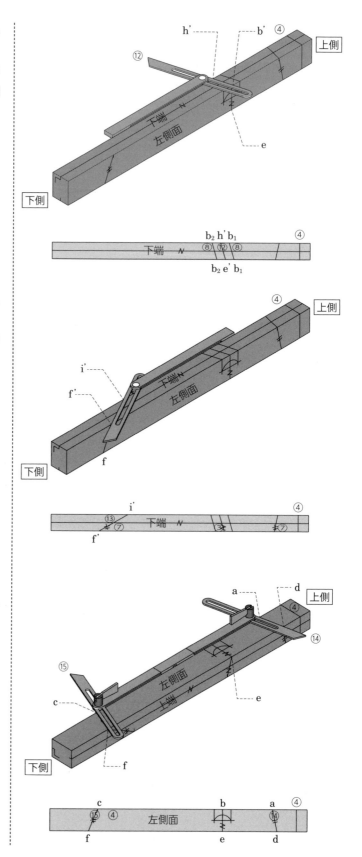

5. 点 f' から墨付け勾配⑬を取り、点 i' の位置を求める。

6. 芯墨印③、切り墨印⑦を付ける。

07 右側面の墨付け

1. 左側面において、自由がねで点 a から点 d、点 c から点 f を結び、墨付け勾配⑭⑮でつくる。

2. 点 a' から墨付け勾配⑭を取り、点 d' の位置を求める。

3. 点 b' から矩（直角）で左屋根筋かいの芯墨⑥を引き、点 e' の位置を求める。

4. 下端面から上端面の方向に20mm をとり、欠き取りの高さ墨⑧を引く。

5. 点 b_1 および点 b_2 から欠き取りの幅墨⑨を矩（直角）で引く。

6. 点 c' から墨付け勾配⑮を取り、点 f' の位置を求める。

7. 芯墨印③、切り墨印⑦、欠き取りの印⑩を付ける。

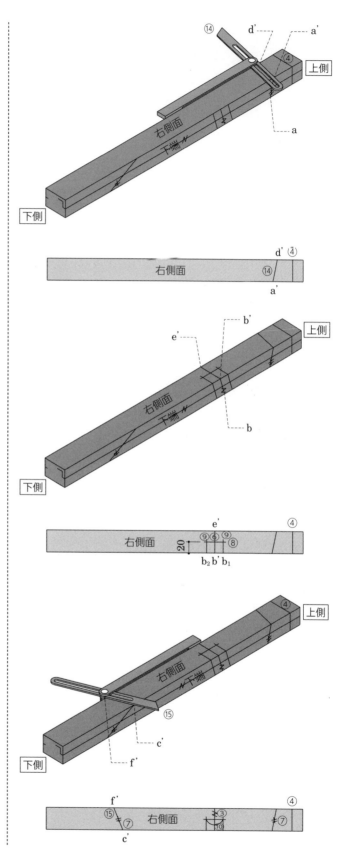

07 左屋根筋かいの墨付け

[目 的] 屋根筋かいと振たる木、左屋根筋かいと右屋根筋かいの取合い部に設ける切り
墨および欠き取り墨などを墨付けること。

準備するもの

❶ 部材（2本）
　（長さ 480mm ×幅 30mm ×成 40mm）
❷ 墨壺（1個）
❸ 墨さし（1本）
❹ さしがね（1本）
❺ スコヤ（1本）
❻ 自由がね（3本）
❼ 罫引き（1本）
❽ 鉛筆（1本）
❾ 作業台（2本）
　（300mm × 105mm × 105mm 程度）
❿ 合板（1枚）
　（12mm × 910mm × 1 820mm 程度）

基本図と関連する勾配

❶ 短玄の返し勾配（22.36/100）

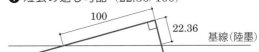

作業手順

01 芯墨および基準墨の墨付け

1. 罫引きで付けた切り欠き溝①に壺糸を合わせ、屋根筋かいの上端および下端に芯墨②を引く。

2. 屋根筋かいの上端および下端に芯墨印③を付ける。

3. 部材の端から 20mm 程度を取り、部材上の墨付け用の基準墨④を、矩（直角）で 4 面に引く。

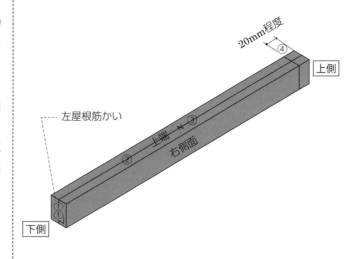

1. 右屋根筋かいの墨付け用の基準墨④と左屋根筋かいの墨付け用の基準墨④を合わせる。

※本作業は墨付ける面が変わるごとに行う。

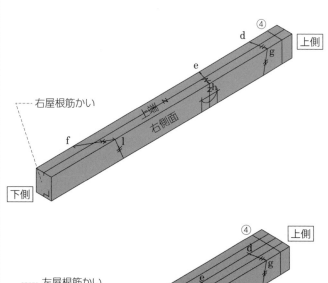

2. 右屋根筋かいの上端と左側面の角を基準として、左屋根筋かいの上端と右側面の角が合うように置き、点 d、e、f の位置を部材の上端に写し取る。

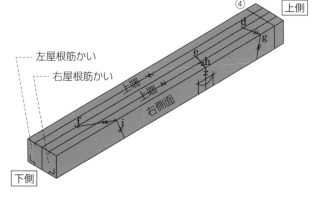

3. 右屋根筋かいの上端と右側面の角を基準として、左屋根筋かいの上端と左側面の角が合うように置き、点 g、h、i の位置を部材の上端に写し取る。

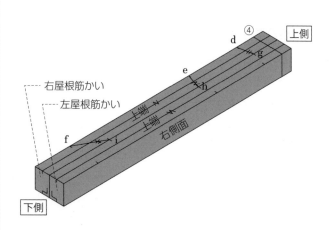

4. 右屋根筋かいの下端と左側面
の角を基準として、左屋根筋か
いの上端と左側面の角および点
bが合うように置き、点 b_1、点
b_2 の位置を部材の上端に写し取
る。

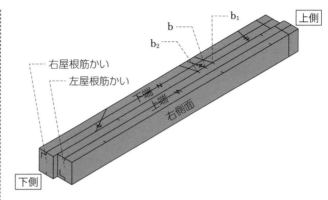

5. 点 a から点 d に向け、切り墨
⑤を短玄の返し勾配で引く。

6. 点 b から点 e に向け、右屋根
筋かいの芯墨⑥を引く。

7. 点 b_1 および点 b_2 から欠き取り
の幅墨⑨を、右屋根筋かいの芯
墨⑥と平行に引く。

8. 点 c から点 f に向け、切り墨⑤
を引く。

9. 芯墨印③、切り墨印⑦を付け
る。

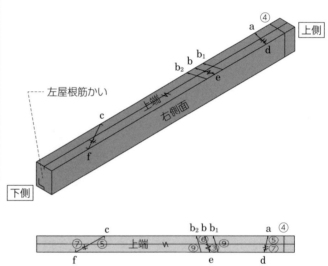

03 下端の墨付け

1. 右屋根筋かいの下端と左側面
の角を基準として、左屋根筋か
いの下端と右側面の角が合うよ
うに置き、点 d、e、 f の位置を
部材の上端に写し取る。

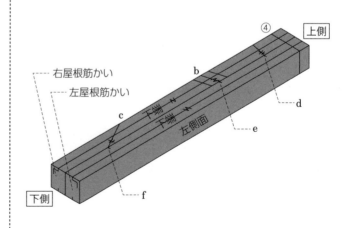

2. 右屋根筋かいの下端と右側面の角を基準として、左屋根筋かいの下端と左側面の角が合うように置き、点 a、b、c の位置を部材の上端に写し取る。

3. 点 a' から点 d' に向け、切り墨⑤を短玄の返し勾配で引く。

4. 点 b' から点 e' に向け、右屋根筋かいの芯墨⑥を引く。

5. 点 c' から点 f' に向け、切り墨⑤を引く。

6. 芯墨印③、切り墨印⑦を付ける。

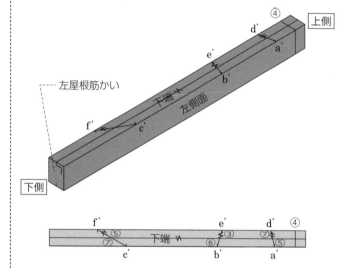

第3講 2級建築大工技能の実技

04 右側面の墨付け

1. 上端および下端から点 d、点 b_1、点 e、点 b_2、点 f、点 d'、点 e'、点 f' の位置を右側面に写し取る。

2. 点 d から点 d' に向け、切り墨⑤を引く。

3. 点 e から点 e' に向け、芯墨⑥を矩(直角)で引く。

4. 点 f から点 f' に向け、切り墨⑤を引く。

5. 上端面から下端面の方向に20mm をとり、欠き取りの高さ墨⑧を引く。

6. 点 b_1 および点 b_2 から欠き取りの幅墨⑨を矩(直角)で引く。

7. 芯墨印③、切り墨印⑦、欠き取りの印⑩を付ける。

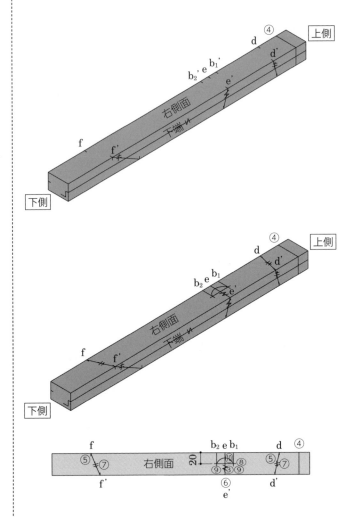

1. 上端および下端から点 a、点 b_1、点 b、点 b_2、点 c、点 a'、点 b'、点 c' の位置を左側面に写し取る。

2. 点 a から点 a' に向け、切り墨⑤を引く。

3. 点 b から点 b' に向け、芯墨⑥を矩（直角）で引く。

4. 点 c から点 c' に向け、切り墨⑤を引く。

5. 上端面から下端面の方向に 20mm をとり、欠き取りの高さ墨⑧を引く。

6. 点 b_1 および点 b_2 から欠き取りの幅墨⑨を矩（直角）で引く。

7. 芯墨印③、切り墨印⑦、欠き取りの印⑩を付ける。

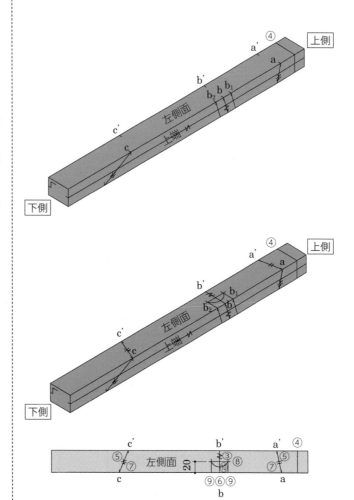

08 各部材の展開図

柱展開図

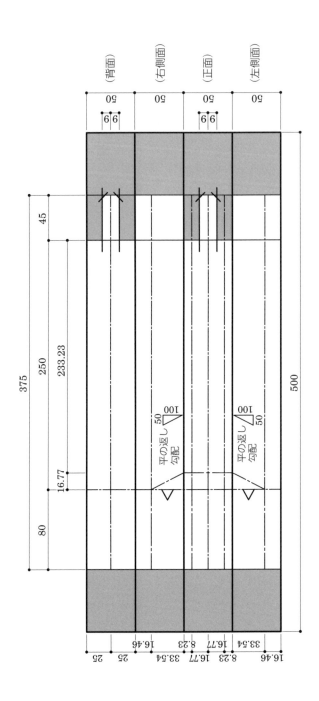

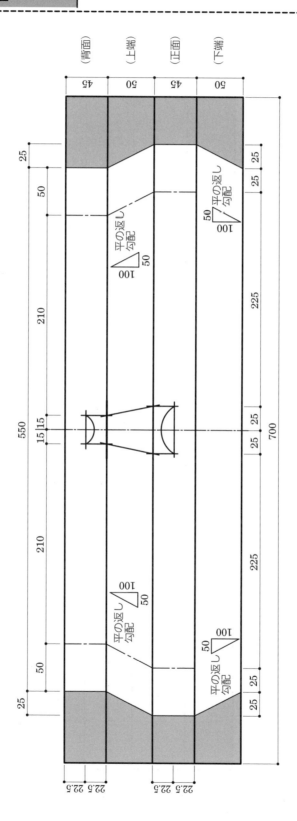

梁展開図

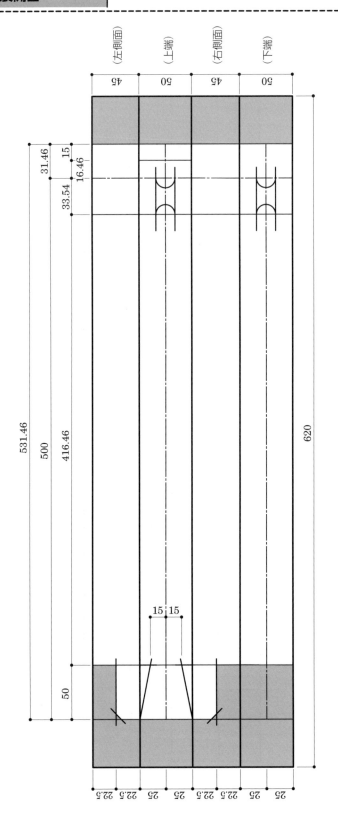

（左側面）　（上端）　（右側面）　（下端）

45　50　45　50

15
31.46
16.46
33.54

531.46
500
416.46

620

15　15

50

22.5　22.5　25　25　22.5　22.5　25　25

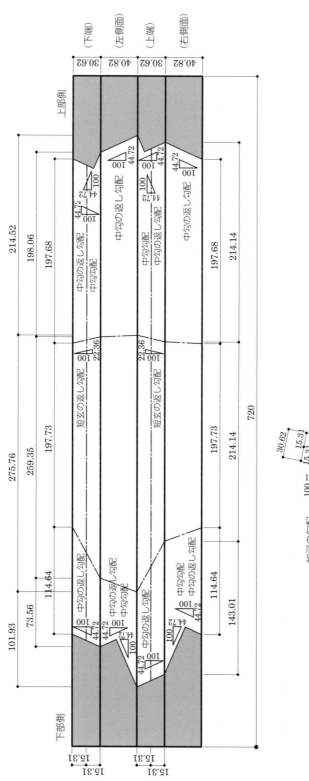

左振たる木展開図

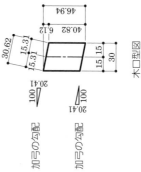

木口型図

第3講 2級建築大工技能の実技

右振たる木展開図

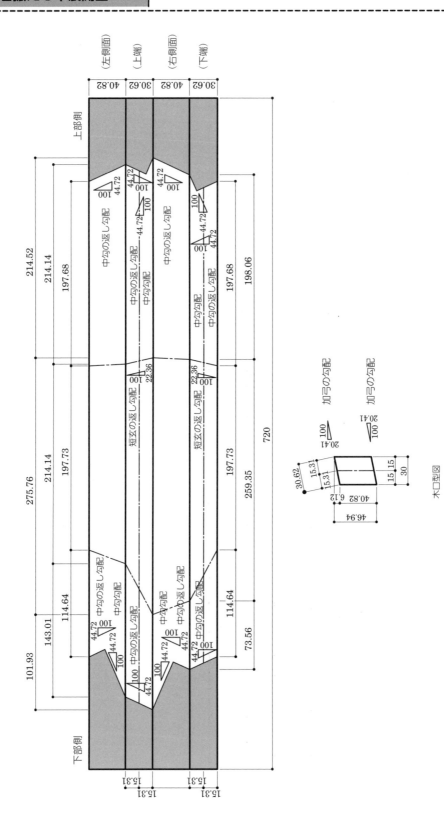

右屋根筋かい展開図

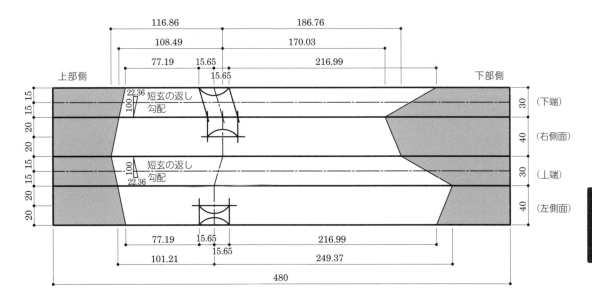

左屋根筋かい展開図

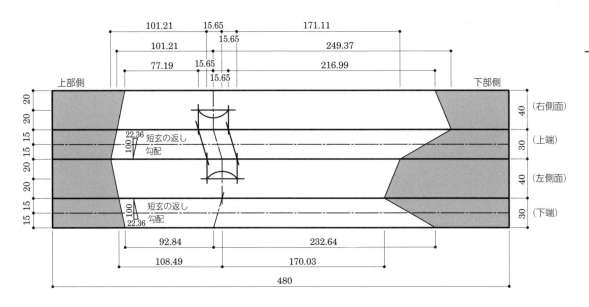

01 柱の加工

[目 的] 柱と梁の取合い部に設ける平ほぞを作ること。

準備するもの

❶ 部材（1本）

（長さ 500mm ×幅 50mm ×成 50mm）

❷ 墨壺（1個）

❸ 墨さし（1本）

❹ さしがね（1本）

❺ スコヤ（1本）

❻ 自由がね（2〜3本）

❼ 鋸（両歯鋸、7〜9寸、1本）

❽ 鑿（大入れ鑿 42mm・30mm・24mm・18mm・12mm、各1本）

❾ 鉋（平鉋、寸六・小鉋、各1台）

❿ インパクトドリル（1台）

⓫ 木工用ドリルビット（サイズ 15mm、1本）

⓬ 玄能（大・小、各1本）

⓭ 合板（1枚）

（12mm × 910mm × 1 820mm 程度）

⓮ 作業台（2本）

（300mm × 105mm × 105mm 程度）

使用する勾配

❶ 平勾配の返し勾配（50/100）

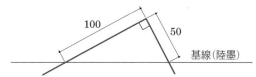

柱の完成図

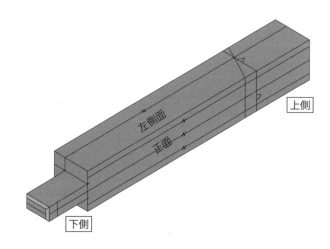

01 柱と梁の取合い部

1. 切り墨①を鋸で横挽きする。

> **Point »**
> 切り墨の横挽きは、部材の角が欠けないように力を加減して行う。

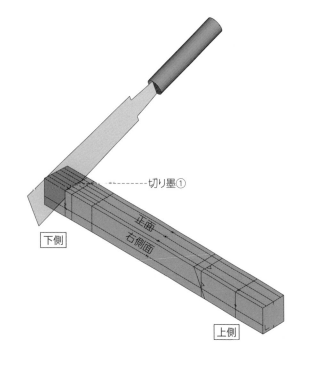

切り墨①

下側

正面

右側面

上側

2. 切断した小口面に、芯墨②③、ほぞ厚墨④⑤を墨さしで引く。

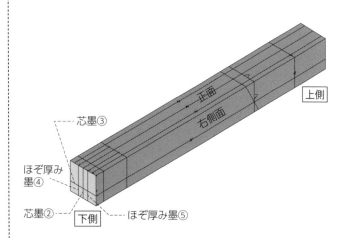

正面

右側面

上側

芯墨③

ほぞ厚み墨④

芯墨②

下側

ほぞ厚み墨⑤

3. ほぞ厚み墨④⑤を鋸で、墨を
またぐように縦挽きする。

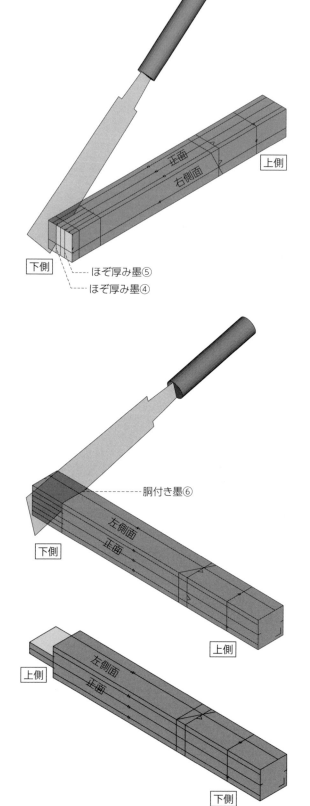

ほぞ厚み墨⑤

ほぞ厚み墨④

4. 胴付き墨⑥を鋸で、墨を半分
残すように横挽きする。

胴付き墨⑥

5. 切断した小口面に、ほぞ高さ
　墨⑦を墨さしで引く。

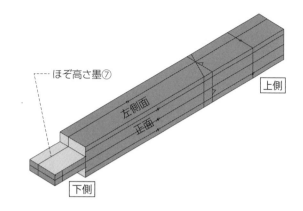

ほぞ高さ墨⑦

左側面

正面

上側

下側

6. ほぞ高さ墨⑦を鋸で、墨を半
　分残すように縦挽きする。

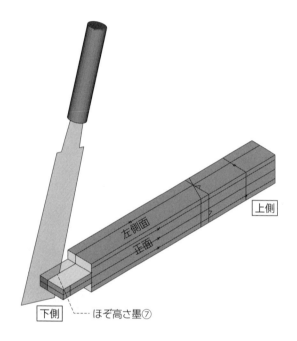

左側面

正面

上側

下側 ········ ほぞ高さ墨⑦

7. 胴付き墨⑥を鋸で、墨を半分
残すように横挽きする。

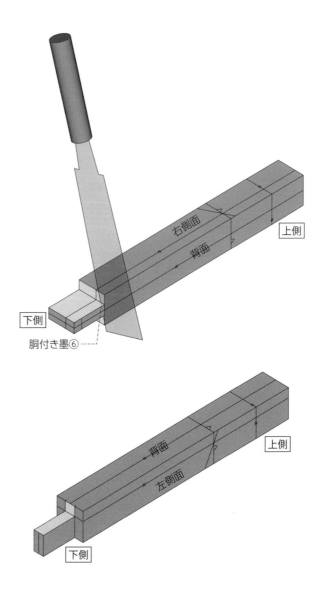

02 柱の上側端部

1. 切り墨②を鋸で横挽きする。

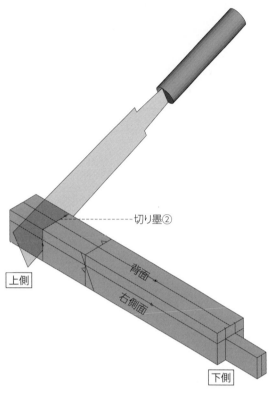

03 部材の面取り

1. 平ほぞ部分および柱の上側端
部の角を鑿や鉋で、面を取る。

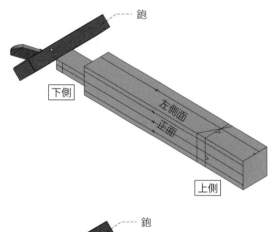

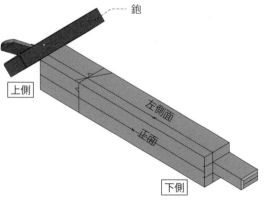

02

桁の加工

Level ★★★

[目　的]　桁と梁の取合い部に設ける蟻継ぎの女木を作ること。

準備するもの

❶ 部材（1 本）

（長さ 700mm ×幅 50mm ×成 45mm）

❷ 墨壺（1 個）

❸ 墨さし（1 本）

❹ さしがね（1 本）

❺ スコヤ（1 本）

❻ 自由がね（2 ～ 3 本）

❼ 鋸（両歯鋸、7 ～ 9 寸、1 本）

❽ 鑿（大入れ鑿 42mm・30mm・24mm・

18mm・12mm、各 1 本）

❾ 鉋（平鉋、寸六・小鉋、各 1 台）

❿ インパクトドリル（1 台）

⓫ 木工用ドリルビット（サイズ 15mm、1 本）

⓬ 玄能（大・小、各 1 本）

⓭ 合板（1 枚）

（12mm × 910mm × 1 820mm 程度）

⓮ 作業台（2 本）

（300mm × 105mm × 105mm 程度）

基本図と関連する勾配

❶ 平勾配の返し勾配（50/100）

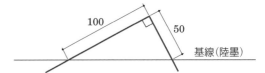

桁の完成図

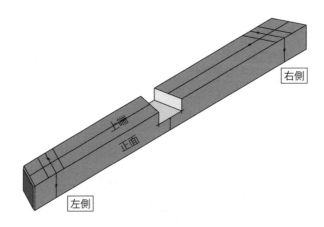

01 桁と梁の取合い部

1. 蟻の勾配墨①②を鋸で、墨を
半分残すように横挽きする。

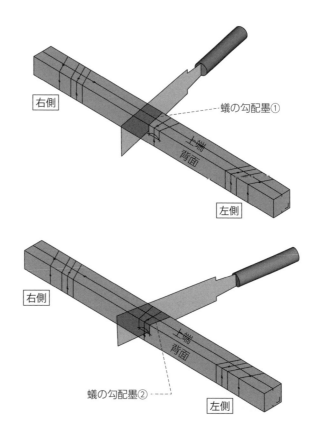

2. 芯墨③を鋸で、墨線をまたぐ
ように横挽きする。

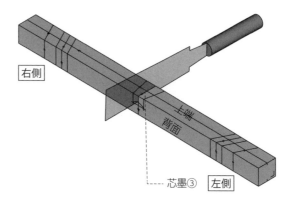

3. 鑿の刃裏を外側にして、正面および背面の蟻の高さ墨④に当て、輪郭に切り込みを軽く入れる。

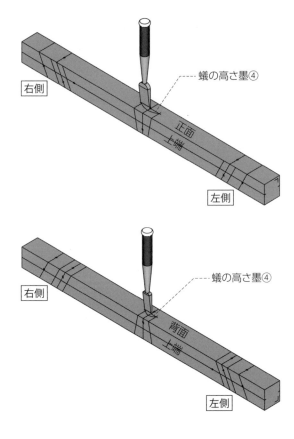

蟻の高さ墨④

右側

正面
上端

左側

蟻の高さ墨④

右側

背面
上端

左側

4. 正面および背面の蟻の高さ墨④の 13 〜 16mm 程度手前を、鑿で強くたたいて欠く。

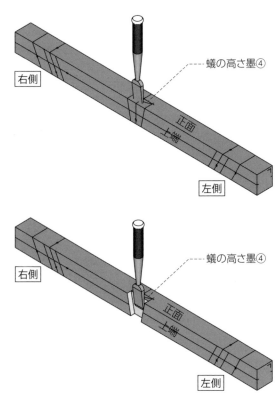

蟻の高さ墨④

右側

正面
上端

左側

蟻の高さ墨④

右側

正面
上端

左側

5. 正面および背面の蟻の高さ墨
　④の 2 〜 3mm 程度手前を、鑿
　で強くたたいて欠く。

6. 正面および背面の蟻の高さ墨
　④に鑿を合わせて削り、墨線を
　払うように仕上げる。

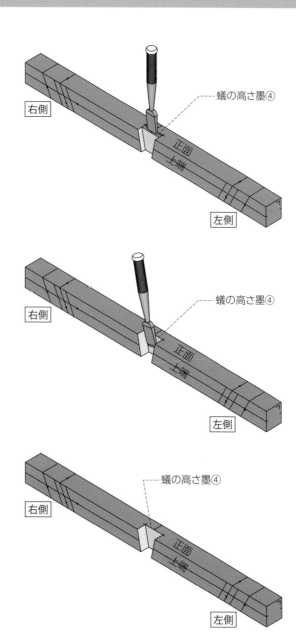

02 桁の端部

1. 切り墨⑤を鋸で横挽きする。

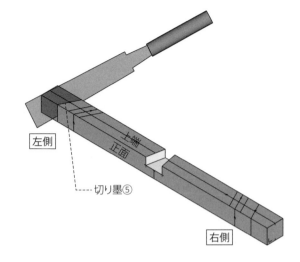

2. 切り墨⑥を鋸で横挽きする。

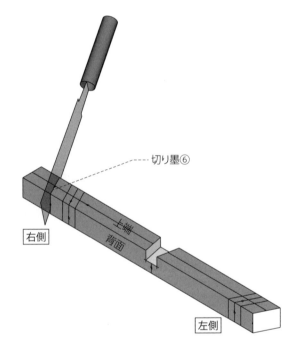

03 部材の面取り

1. 蟻継ぎの女木部分および桁の
端部の角を鑿や鉋で、面を取る。

Point ≫

鉋で面を取る場合は、鉋を部材の
角に対して少し外側に傾けた状態
で削るとよい。

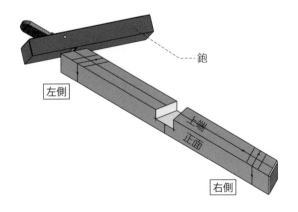

03

梁の加工

[目 的] 梁と桁の取合い部に設ける蟻継ぎの男木、梁と柱の取合い部に設けるほぞ穴を作ること。

準備するもの

❶ 部材（1本）

（長さ 620mm ×幅 50mm ×成 45mm）

❷ 墨壺（1個）

❸ 墨さし（1本）

❹ さしがね（1本）

❺ スコヤ（1本）

❻ 自由がね（2～3本）

❼ 鋸（両歯鋸、7～9寸、1本）

❽ 鑿（大入れ鑿 42mm・30mm・24mm・18mm・12mm、各1本）

❾ 鉋（平鉋、寸六・小鉋、各1台）

❿ インパクトドリル（1台）

⓫ 木工用ドリルビット（サイズ 15mm、1本）

⓬ 玄能（大・小、各1本）

⓭ 合板（1枚）

（12mm × 910mm × 1 820mm 程度）

⓮ 作業台（2本）

（300mm × 105mm × 105mm 程度）

梁の完成図

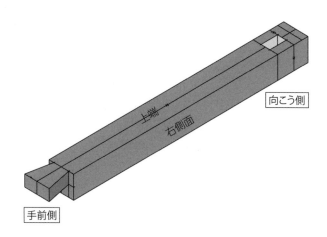

向こう側

上端

右側面

手前側

作業手順

01 梁と柱の取合い部

1. 上端面および下端面のほぞ穴幅墨①②、ほぞ長さ墨③④を鑿で軽くたたいて、切込みをつける。

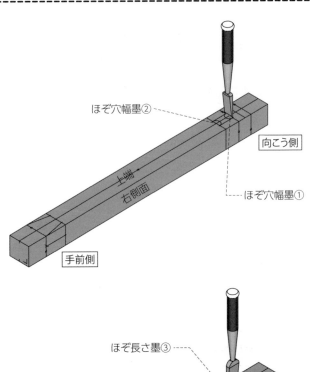

ほぞ穴幅墨②

向こう側

上端
右側面

ほぞ穴幅墨①

手前側

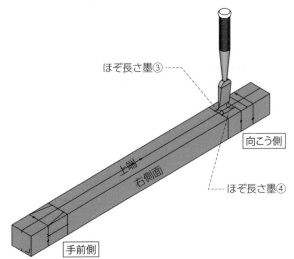

ほぞ長さ墨③

向こう側

上端
右側面

ほぞ長さ墨④

手前側

2. 上端面のほぞ穴の芯墨⑤にドリルビットの先端を合わせ、材成の半分 22.5mm 程度の深さで穴をあける。

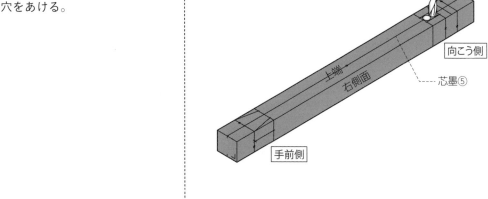

3. 下端面のほぞ穴の芯墨⑤にドリルビットの先端を合わせ、穴を貫通させる。

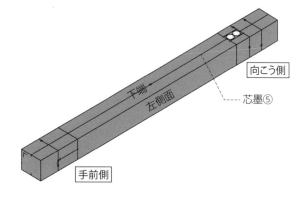

4. 上端面および下端面のほぞ穴幅墨①②に鑿を合わせて削り、墨線を半分残すように仕上げる。

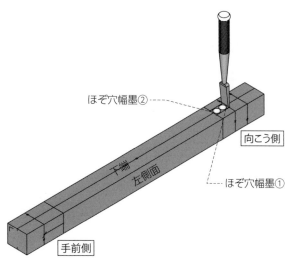

5. 上端面および下端面のほぞ長
   さ墨④⑤に鑿を合わせて削り、
   墨線を払うように仕上げる。

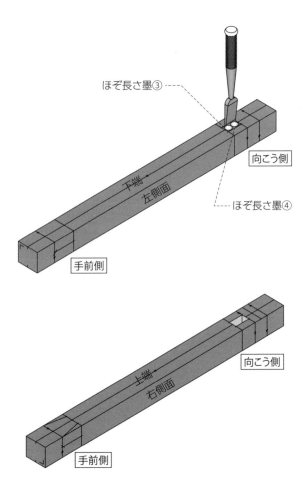

02 ▶ 梁と桁の取合い部

1. 切り墨①を鋸で横挽きする。

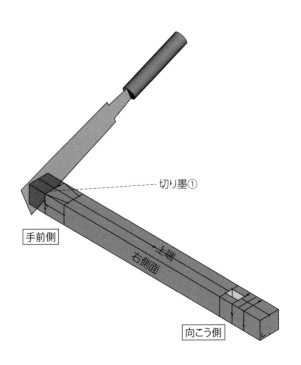

2. 切断した小口面に、芯墨②、
蟻の高さ墨③を墨さしで引く。

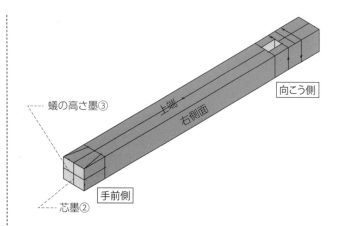

蟻の高さ墨③

向こう側

上端

右側面

手前側

芯墨②

3. 蟻の高さ墨③を鋸で、墨を半
分残すように縦挽きする。

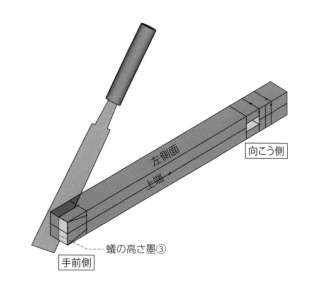

左側面

向こう側

上端

蟻の高さ墨③

手前側

4. 胴付き墨④を鋸で、墨を半分
残すように横挽きする。

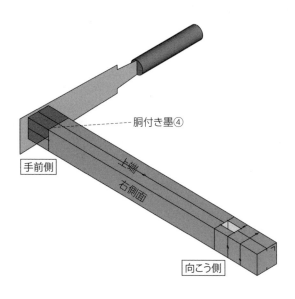

胴付き墨④

手前側

上端

右側面

向こう側

5. 切断した木端面に、芯墨②、
　　蟻の勾配墨⑤⑥を墨さしで引
　　く。

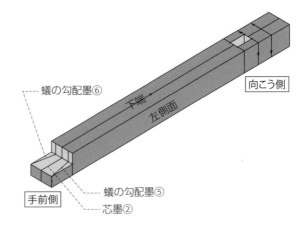

蟻の勾配墨⑥ ----　　　　　　　　　　　下端　　左側面　　　　向こう側

蟻の勾配墨⑤ ----

手前側　　　芯墨② ----

6. 蟻の勾配墨⑤⑥を鋸で、墨を
　　半分残すように縦挽きする。

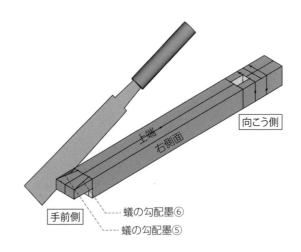

上端　右側面　　　　向こう側

手前側　　蟻の勾配墨⑥ ----

蟻の勾配墨⑤ ----

7. 胴付き墨④を鋸で、墨を半分
　　残すように横挽きする。

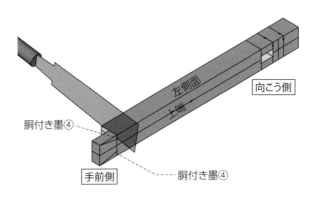

左側面　　　向こう側

上端

胴付き墨④ ----

手前側　　　胴付き墨④ ----

03 ▶ 梁の向こう側端部

1. 切り墨⑦を鋸で横挽きする。

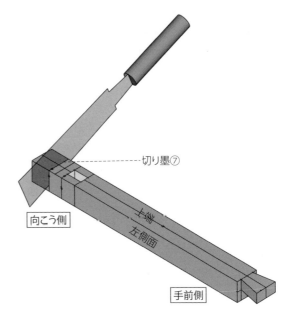

切り墨⑦

向こう側

上端

左側面

手前側

04 ▶ 部材の面取り

1. 梁の向こう側端部の角を鑿や
鉋で、面を取る。

> ✂ **Point ≫**
> 鉋で面を取る場合は、鉋を部材の
> 角に対して少し外側に傾けた状態
> で削るとよい。

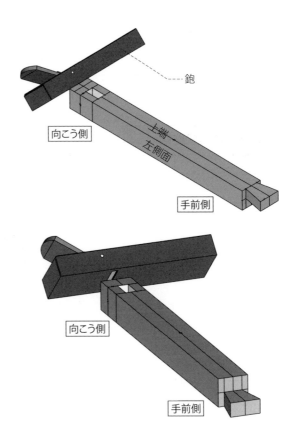

鉋

向こう側

上端

左側面

手前側

向こう側

手前側

04 左振たる木の加工
※右振たる木も同様に行う

Level ★★★☆

[目 的] 左振たる木の両端部を、勾配に合わせて切断すること。

準備するもの

❶ 部材（1本）
（長さ 720mm ×幅 30mm ×成 46.94mm）
❷ 墨壺（1個）
❸ 墨さし（1本）
❹ さしがね（1本）
❺ スコヤ（1本）
❻ 自由がね（2〜3本）
❼ 鋸（両歯鋸、7〜9寸、1本）
❽ 鑿（大入れ鑿 42mm・30mm・24mm・
18mm・12mm、各1本）

❾ 鉋（平鉋、寸六・小鉋、各1台）
❿ 玄能（大・小、各1本）
⓫ 合板（1枚）
（12mm × 910mm × 1 820mm 程度）
⓬ 作業台（2本）
（300mm × 105mm × 105mm 程度）

基本図と関連する勾配

❶ 中勾勾配、中勾の返し勾配（44.72/100）
❷ 短玄の返し勾配（22.36/100）

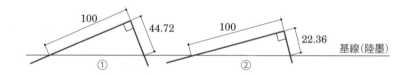

左振たる木の完成図

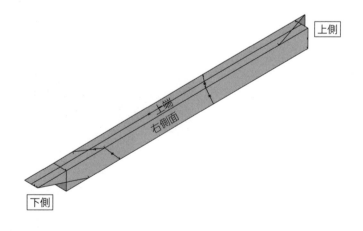

01 左振たる木と柱の取合い部

1. 切り墨①を鋸で、墨線を半分
残すように横挽きする。

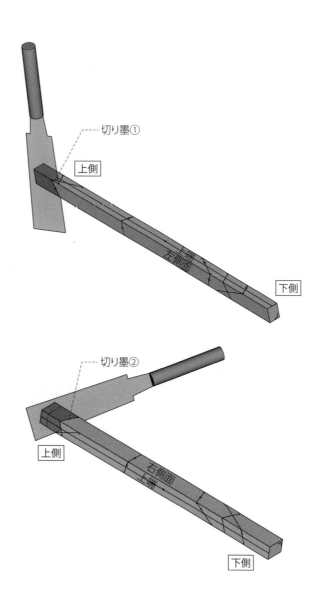

切り墨①

上側

上端
左側面

下側

2. 切り墨②を鋸で、墨線を半分
残すように横挽きする。

切り墨②

上側

右側面
上端

下側

第3講 2級建築大工技能の実技

02 左振たる木と桁の取合い部

1. 切り墨③を鋸で、墨線を半分
残すように縦挽きする。

> 🪚 **Point »**
> 切り始めは横挽きで行う。

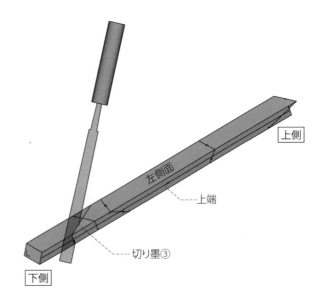

2. 切り墨④を鋸で、墨線を半分
残すように横挽きする。

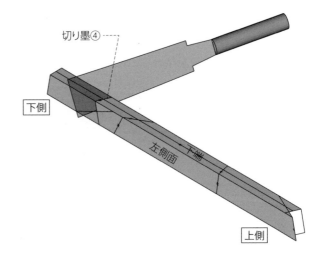

03 取合い部の確認

1. 左振たる木と柱の取合い部に、柱と見立てた端材を合わせて、接合面が平らになっていることを確認する。

2. 左振たる木と桁の取合い部に、桁と見立てた端材を合わせて、接合面が平らになっていることを確認する。

> **Point ≫**
> 接合面が平らになっていない場合は、鑿や鉋で調整する。

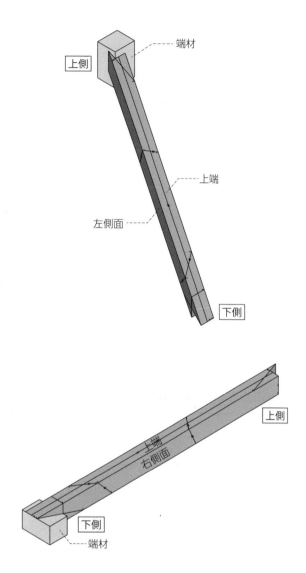

上側

端材

上端

左側面

下側

上側

上端
右側面

下側

端材

05 右屋根筋かいの加工
※左屋根筋かいも同様に行う

Level ★★☆

[目　的]　右屋根筋かいと左屋根筋かいの取合い部に設ける相欠きをつくり、右屋根筋かいの両端部を勾配に合わせて切断すること。

準備するもの

❶ 部材（1本）

　（長さ480mm ×幅30mm ×成40mm）

❷ 墨壺（1個）

❸ 墨さし（1本）

❹ さしがね（1本）

❺ スコヤ（1本）

❻ 自由がね（2～3本）

❼ 鋸（両歯鋸、7～9寸、1本）

❽ 鑿（大入れ鑿42mm・30mm・24mm・18mm・12mm、各1本）

❾ 鉋（平鉋、寸六・小鉋、各1台）

❿ 玄能（大・小、各1本）

⓫ 合板（1枚）

　（12mm × 910mm × 1 820mm 程度）

⓬ 作業台（2本）

　（300mm × 105mm × 105mm 程度）

基本図と関連する勾配

❶ 短玄の返し勾配（22.36/100）

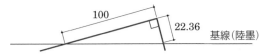

右屋根筋かいの完成図

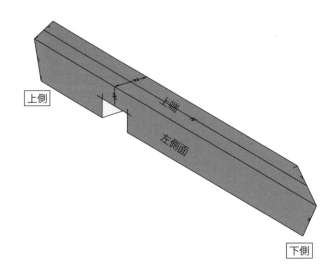

01 右屋根筋かいと左屋根筋かいの取合い部

1. 相欠き墨①②を成の 1/2 の高さの墨③まで、墨線を払うように鋸で横挽きする。

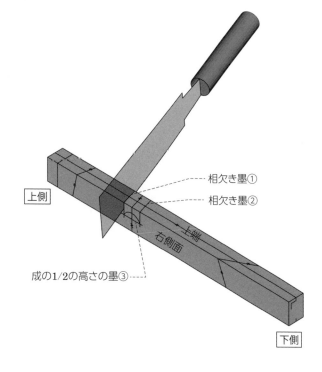

相欠き墨①
相欠き墨②
上側
右側面
上端
成の1/2の高さの墨③
下側

2. 鑿の刃裏を外側にして、右側面および左側面の成の 1/2 の高さの墨③に当て、輪郭に切り込みを軽く入れる

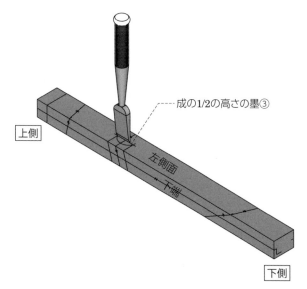

成の1/2の高さの墨③
上側
左側面
下端
下側

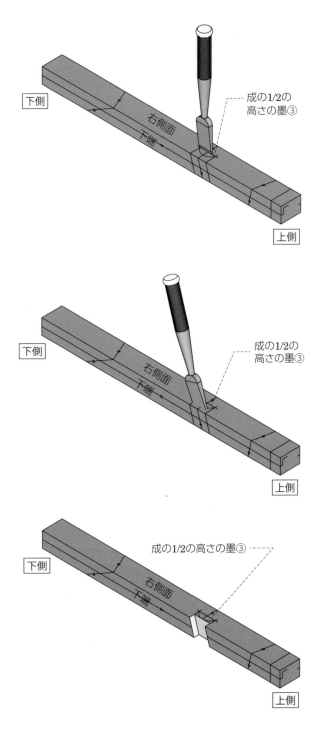

3. 右側面および左側面の成の 1/2
の高さの墨③の 12 〜 16mm 程
度手前を、鑿で強くたたいて欠
く。

4. 右側面および左側面の成の 1/2
の高さの墨③の 2 〜 3mm 程度
手前を、鑿で強くたたいて欠く。

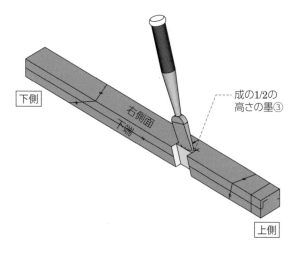

成の1/2の
高さの墨③

下側

右側面

下端

上側

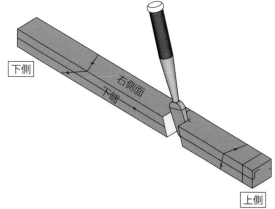

下側

右側面

下端

上側

5. 右側面および左側面の成の 1/2
の高さの墨③に鑿を合わせて削
り、墨線を払うように仕上げる。

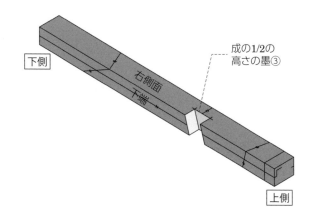

成の1/2の
高さの墨③

下側

右側面

下端

上側

02 右屋根筋かいと左振たる木の取合い部

1. 切り墨④を鋸で、墨線を半分残すように横挽きする。

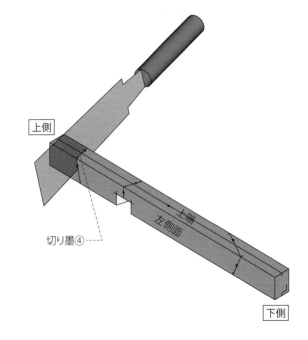

上側

切り墨④

左側面

上端

下側

03 右屋根筋かいと右振たる木の取合い部

1. 切り墨⑤を鋸で、墨線を半分残すように横挽きする。

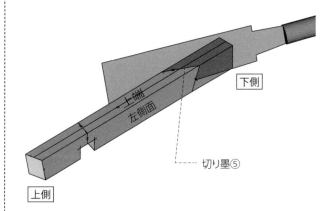

上端

左側面

下側

切り墨⑤

上側

1. 右屋根筋かいと左振たる木の取合い部に、左振たる木と見立てた端材を合わせて、接合面が平らになっていることを確認する。

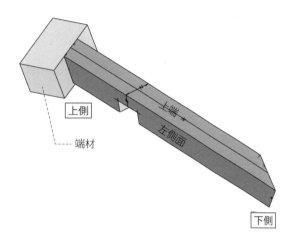

上側

端材

上端

左側面

下側

2. 右屋根筋かいと右振たる木の取合い部左に、右振たる木と見立てた端材を合わせて、接合面が平らになっていることを確認する。

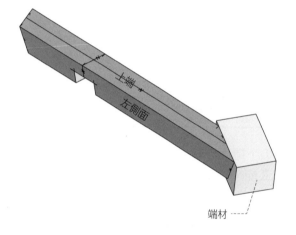

上端

左側面

端材

> **🔨 Point ≫**
> 接合面が平らになっていない場合は、鑿や鉋で調整する。

第3講 2級建築大工技能の実技

01

Level ★★☆

柱および梁の接合

[目 的] 所定の寸法に加工した柱、梁をはめ合わせること。

準備するもの

❶ 玄能（大・小、各1本）
❷ あて木
❸ さしがね（1本）
❹ スコヤ（1本）
❺ 鉛筆（1本）
❻ 鉋（平鉋、寸六・小鉋、各1台）
❼ 作業台（2本）
　（300mm × 105mm × 105mm 程度）
❽ 合板（1枚）
　（12mm × 910mm × 1 820mm 程度）

部材

❶ 柱（1本）
❷ 梁（1本）

作業手順

01 梁の下端面の蟻勾配の角を玄能で叩いて圧縮し、接合しやすくする

> 🔨 **Point ≫**
> 上記のように、部材を接合しやすくするために叩いて圧縮することを「木殺し」という。

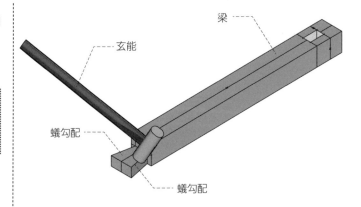

02 作業台の上に梁を置き、梁のほぞ穴に柱の平ほぞを軽くはめ合わせる

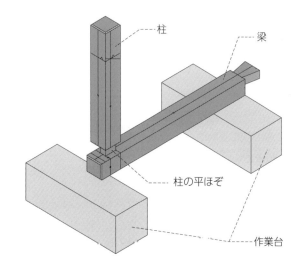

柱

梁

柱の平ほぞ

作業台

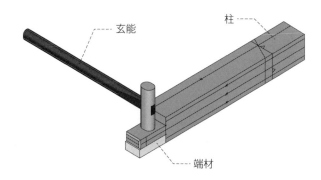

玄能

柱

端材

> **Point ≫**
> ほぞ組が堅い場合は、柱の平ほぞを玄能で叩いて圧縮し、接合しやすくする。

03 柱の木口の上にあて木を置いて玄能で叩き、柱の平ほぞを梁のほぞ穴に打ち込む

◀◤ Point ≫

平ほぞの頭が梁の下端面より15mm程度、出た状態にする。

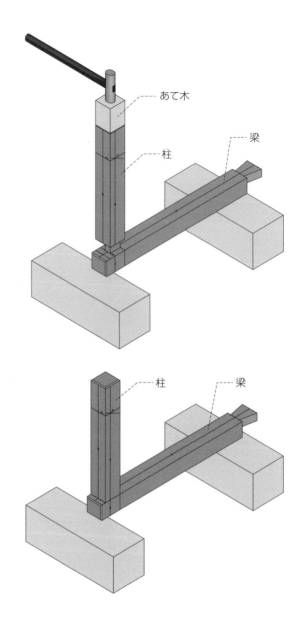

あて木

柱

梁

柱

梁

04 柱と梁の仕口部において、柱の平ほぞを、梁の下端面と一致するように鋸で切断する

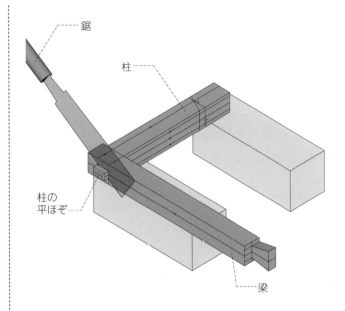

鋸

柱

柱の平ほぞ

梁

05 鋸で切断した木口を鉋で仕上げる

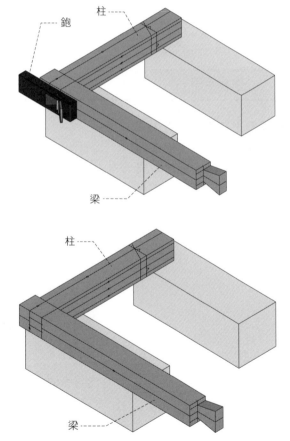

鉋

柱

梁

柱

梁

02 柱・梁および桁の接合

[目　的] 所定の寸法に加工した柱・梁および桁をはめ合わせること。

準備するもの

❶ 玄能（大・小、各1本）

❷ あて木

❸ さしがね（1本）

❹ スコヤ（1本）

❺ 鉛筆（1本）

❻ 鉋_{かんな}（平鉋、寸六・小鉋、各1台）

❼ 作業台（2本）

（300mm × 105mm × 105mm 程度）

❽ 合板（1枚）

（12mm × 910mm × 1 820mm 程度）

部材

❶ 柱（1本）

❷ 梁（1本）

❸ 桁（1本）

作業手順

01▶ 合板の上に接合した柱・梁を置き、桁の蟻継ぎの女木に、梁の蟻継ぎの男木を軽くはめ合わせる

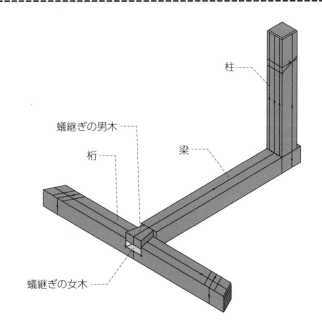

02 桁と梁の取合い部の上に
あて木を置いて玄能で叩
き、梁の蟻継ぎの男木を
桁の蟻継ぎの女木に打ち
込む

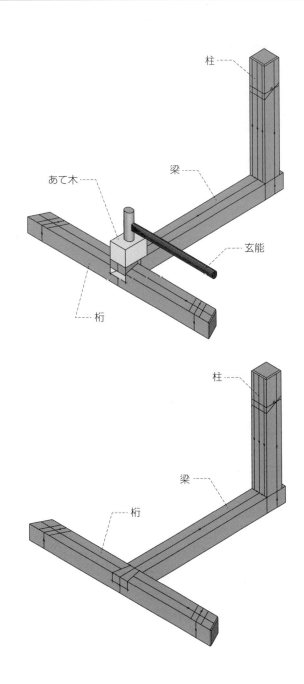

第
3
講

2級建築大工技能の実技

03

左右振たる木の取付け

[目 的] 所定の寸法に加工した左右振たる木を、所定の位置に取付けること。

準備するもの

❶ 玄能（大・小、各1本）
❷ あて木
❸ さしがね（1本）
❹ スコヤ（1本）
❺ 鉛筆（1本）
❻ 鉋（平鉋、寸六・小鉋、各1台）
❼ 木工用ドリルビット（下穴錐3mm、1本）
❽ インパクトドリル（1台）
❾ 釘締め（1本）
❿ 鉄丸釘（長さ50mm、4本）
⓫ 作業台（2本）
　（300mm × 105mm × 105mm 程度）
⓬ 合板（1枚）
　（12mm × 910mm × 1 820mm 程度）

使用部材

❶ 柱（1本）
❷ 梁（1本）
❸ 桁（1本）
❹ 左右振たる木（2本）

作業手順

01 左右振たる木の芯墨①と桁上に付けた左右振たる木の芯墨②、左右振たる木の胴付き墨③と左右振たる木の勾配墨④が一致するように左右振たる木をはめ合わせ、釘止めの位置⑤⑥⑦⑧を鉛筆で印す

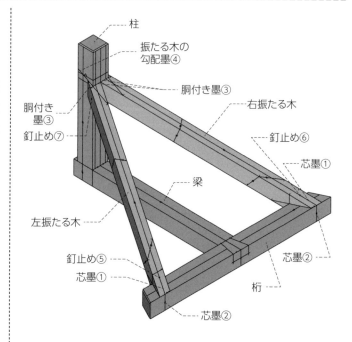

柱
振たる木の勾配墨④
胴付き墨③
右振たる木
胴付き墨③
釘止め⑦
釘止め⑥
芯墨①
梁
左振たる木
釘止め⑤
芯墨①
芯墨②
桁
芯墨②

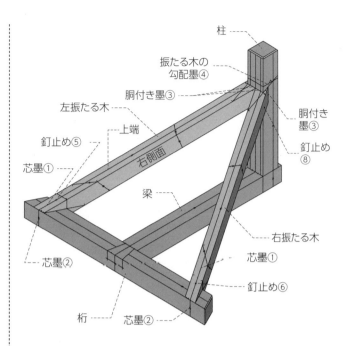

柱
振たる木の
勾配墨④
胴付き墨③
胴付き
墨③
左振たる木
上端
釘止め
⑧
釘止め⑤
右側面
芯墨①
梁
右振たる木
芯墨①
芯墨②
釘止め⑥
桁　　芯墨②

02▶ 作業台の上に左右振たる木を置き、左右振たる木の釘止め位置⑤⑥⑦⑧に、ドリルビッドで下穴をあける

Point ≫
振たる木の釘止め⑦⑧の下穴は、柱の前に向けてあける。

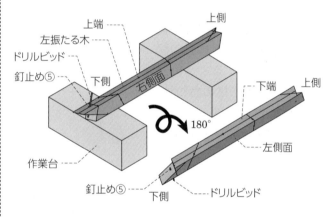

上端
上側
左振たる木
ドリルビッド
釘止め⑤
下側
右側面
下端
上側
180°
左側面
作業台
釘止め⑤
下側
ドリルビッド

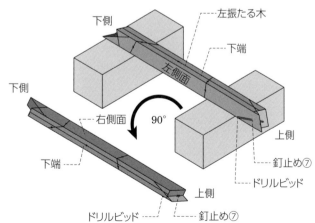

下側
左振たる木
下端
左側面
下側
右側面
90°
上側
下端
釘止め⑦
ドリルビッド
上側
ドリルビッド
釘止め⑦

03 左右振たる木の芯墨①と桁上に付けた左右振たる木の芯墨②をはめ合わせ、釘止め位置⑤⑥に、長さ50mm の鉄丸釘を玄能で打ち込む

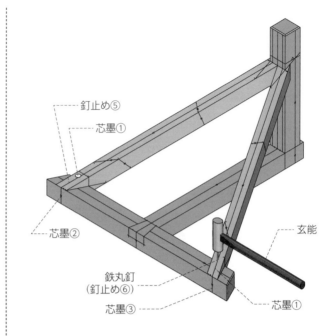

釘止め⑤
芯墨①
芯墨②
玄能
鉄丸釘
（釘止め⑥）
芯墨③
芯墨①

04 左右振たる木の胴付き墨③と左右振たる木の勾配墨④が一致するように左右振たる木をはめ合わせ、釘止め位置⑦⑧に、長さ50mm の鉄丸釘を玄能で打ち込む

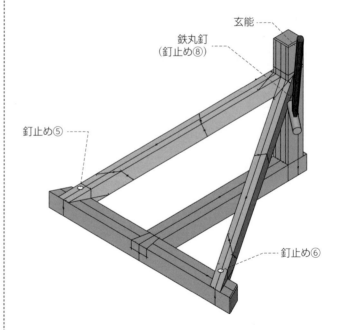

玄能
鉄丸釘
（釘止め⑧）
釘止め⑤
釘止め⑥

05 釘止め⑦⑧の頭に釘締め
の先端を当て、その上か
ら再度、玄能で打ち込む

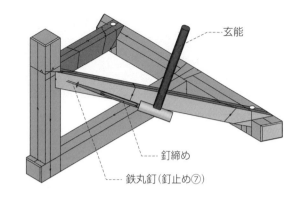

> **Point »**
> 釘締めは釘に対して垂直に当て、
> 玄能で打ち込む。

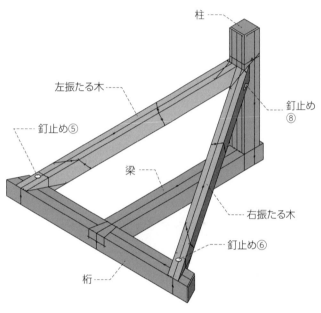

04

Level ★★☆
☆☆

左右屋根筋かい木の取付け

[目　的] 所定の寸法に加工した左右屋根筋かいを、所定の位置に取付けること。

準備するもの

❶ 玄能（大・小、各1本）
❷ あて木
❸ さしがね（1本）
❹ スコヤ（1本）
❺ 鉛筆（1本）
❻ 鉋（平鉋、寸六・小鉋、各1台）
❼ 木工用ドリルビット（下穴錐 3mm、1本）
❽ インパクトドリル（1台）
❾ 釘締め（1本）
❿ 鉄丸釘（長さ 50mm、2本）
⓫ 鉄丸釘（長さ 65mm、2本）

⓬ 作業台（2本）
　（300mm × 105mm × 105mm 程度）
⓭ 合板（1枚）
　（12mm × 910mm × 1 820mm 程度）

使用部材

❶ 柱（1本）
❷ 梁（1本）
❸ 桁（1本）
❹ 左右振たる木（2本）
❺ 左右屋根筋かい（2本）

作業手順

01 左屋根筋かいの相欠きに、右屋根筋かいの相欠きを軽くはめ合わせる

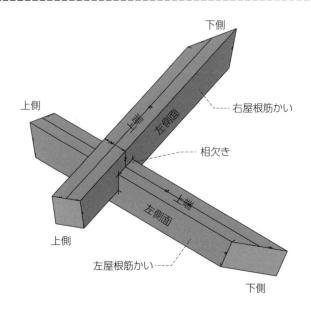

下側

上側

右屋根筋かい

上端　右側面

相欠き

左側面

左屋根筋かい

上側

上端

上側

左屋根筋かい

下側

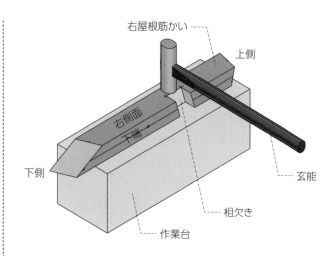

02 左屋根筋かいと右屋根筋
かいの取合い部の上にあ
て木を置いて玄能で叩き、
部材同士を互い違いに組
む

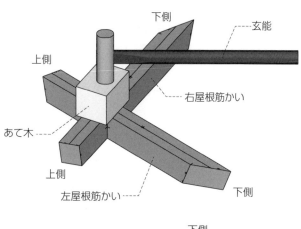

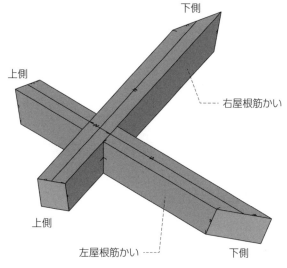

03 左屋根筋かいの芯墨①と左振たる木上に付けた左屋根筋かいの芯墨②、右屋根筋かいの芯墨③と右振たる木上に付けた右屋根筋かいの芯墨④が一致するように接合し、釘止の位置⑤⑥を鉛筆で印す

柱

左振たる木　　　　右振たる木

左屋根筋かい　　　　右屋根筋かい

芯墨①　　　　芯墨③

芯墨②　　　　芯墨④

釘止め⑤　　釘止め⑥　　桁

04 作業台の上に左右屋根筋かいを置き、左右屋根筋かいの釘止め位置⑤⑥にドリルビットで下穴をあける

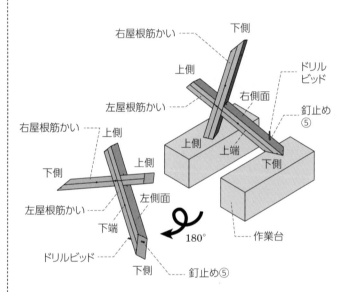

右屋根筋かい　　下側

上側　　　　　ドリルビット

左屋根筋かい　右側面　　釘止め⑤

右屋根筋かい　上側　　上側　上端

下側　　　　　　上側　　下側

左屋根筋かい　左側面

下端

180°

ドリルビット　　　　　作業台

下側　　釘止め⑤

05 左屋根筋かいの芯墨①と左振たる木上に付けた左屋根筋かいの芯墨②、右屋根筋かいの芯墨③と右振たる木上に付けた右屋根筋かいの芯墨④が一致するように接合し、釘止め位置⑤⑥に長さ50mmの鉄丸釘を玄能で打ち込む

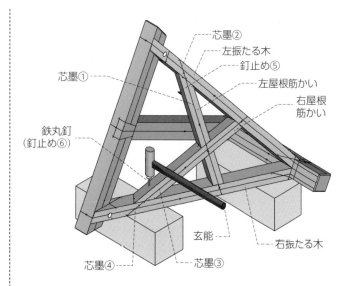

芯墨②
左振たる木
釘止め⑤
左屋根筋かい
右屋根筋かい
芯墨①
鉄丸釘（釘止め⑥）
玄能
右振たる木
芯墨④
芯墨③

06 左屋根筋かいの芯墨①と右振たる木上に付けた左屋根筋かいの芯墨⑦、右屋根筋かいの芯墨②と左振たる木上に付けた右屋根筋かいの芯墨⑧が一致するように接合し、釘止の位置⑨⑩にドリルビッドで下穴をあける

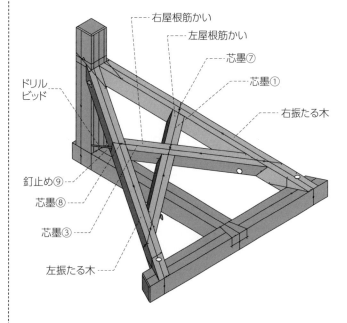

右屋根筋かい
左屋根筋かい
芯墨⑦
芯墨①
右振たる木
ドリルビッド
釘止め⑨
芯墨⑧
芯墨③
左振たる木

07 釘止の位置⑨⑩に長さ
65mm の鉄丸釘を玄能で
打ち込む

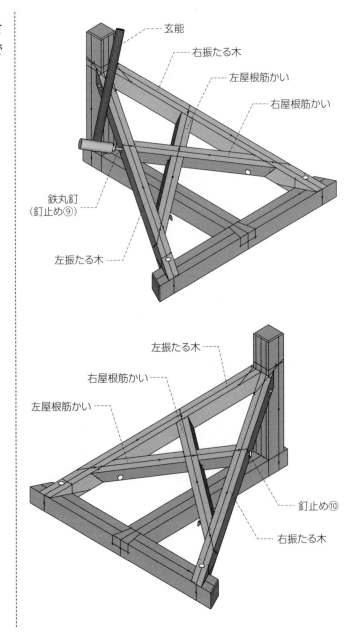

玄能

右振たる木

左屋根筋かい

右屋根筋かい

鉄丸釘
（釘止め⑨）

左振たる木

左振たる木

右屋根筋かい

左屋根筋かい

釘止め⑩

右振たる木

05

部材接合部の本締め

> **[目 的]** 振たる木と桁、振たる木と屋根筋かい、振たる木と柱の接合部に打ち込んだ釘の頭を、材面から沈めた状態にすること。

準備するもの

❶ 玄能（大・小、各1本）

❷ あて木

❸ さしがね（1本）

❹ スコヤ（1本）

❺ 鉛筆（1本）

❻ 釘締め（1本）

❼ 作業台（2本）

（300mm × 105mm × 105mm 程度）

❽ 合板（1枚）

（12mm × 910mm × 1 820mm 程度）

使用部材

❶ 柱（1本）

❷ 梁（1本）

❸ 桁（1本）

❹ 左右振たる木（2本）

❺ 左右屋根筋かい（2本）

第3講

2級建築大工技能の実技

作業手順

01 左右振たる木と桁の接合部における釘止めの位置①②の頭に釘締めの先端を当て、その上から再度、玄能で打ち込む

> 🔨 **Point ≫**
> 釘締めは釘に対して垂直に当て、玄能で打ち込む。

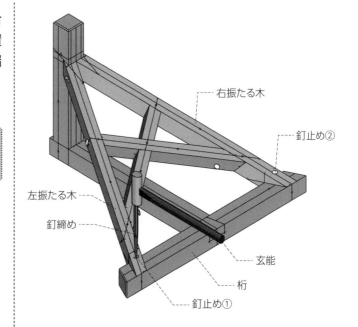

- 右振たる木
- 釘止め②
- 左振たる木
- 釘締め
- 玄能
- 桁
- 釘止め①

02 左屋根筋かいと左振たる木の接合部における釘止めの位置③、右屋根かいと右振たる木の接合部における釘止めの位置④の頭に釘締めの先端を当て、その上から再度、玄能で打ち込む

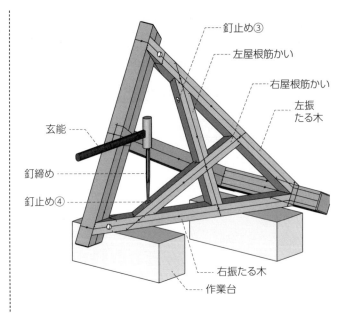

03 右屋根筋かいと左振たる木の接合部における釘止めの位置⑤、左屋根かいと右振たる木の接合部における釘止めの位置⑥の頭に釘締めの先端を当て、その上から再度、玄能で打ち込む

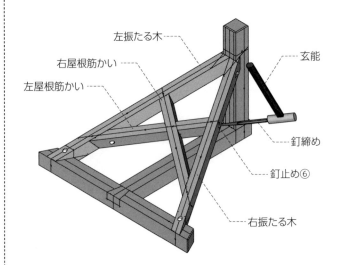

04 左振たる木と柱の接合部における釘止めの位置⑦、右振たる木と柱の接合部における釘止めの位置⑧の頭に釘締めの先端を当て、その上から再度、玄能で打ち込む

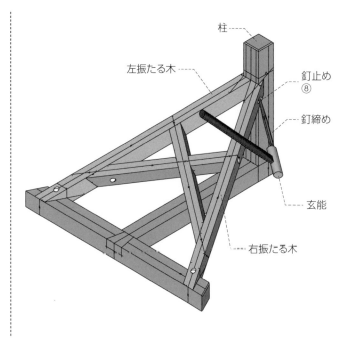

柱

左振たる木

釘止め⑧

釘締め

玄能

右振たる木

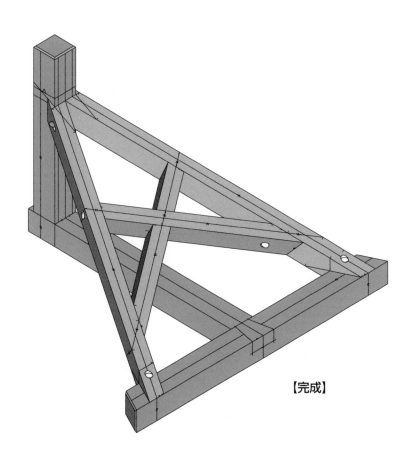

【完成】

〈建築大工技能教育研究所　研究委員〉

下 村 十 三（しもむら　じゅうぞう）

1939 年　新潟で生まれる。
建築大工職人として、木造住宅(本格和風入母屋造りも手がける)や茶室などの建築に携わる。
首都圏建設産業ユニオン（建設ユニオン）東多摩支部に所属。
全国建設労働組合総連合 東京都連合会 青年技能競技大会審査委員、
全国建設労働組合総連合 東京都連合会 建築大工技能講習会講師を歴任。
現在、東京都立工業高等学校講師（建築）として、建築大工技能の指導に携わる。
1 級建築大工技能士、職業訓練指導員（建築大工）、厚生労働省ものづくりマイスター。

髙坂幸治郎（たかさか　こうじろう）

1937 年　山形で生まれる。
建築大工職人として、木造住宅などの建築に携わる。
東京土建一般労働組合 港支部に所属。
東京都建築大工技能検定委員を歴任。
現在、東京都立工業高等学校講師（建築）として、建築大工技能の指導に携わる。
1 級建築大工技能士、職業訓練指導員（建築大工）、厚生労働省ものづくりマイスター。

米 川 誠 次（よねかわ　せいじ）

1968 年　鳥取で生まれる。
土木技術者として、海洋土木工事の施工管理・設計・開発業務に携わる。
現在、東京都立工業高等学校教諭（建築）として、建築大工技能の指導に携わる。
1 級土木施工管理技士、測量士。

■ CAD 図面製作：米川航広

図解で学ぶ　建築大工の技能
―2 級技能検定実技試験を完全解説―

2023 年 12 月 25 日　　第 1 版第 1 刷発行

編　　者　建築大工技能教育研究所
発 行 者　村 上 和 夫
発 行 所　株式会社 オーム社
　　　　　郵便番号　101-8460
　　　　　東京都千代田区神田錦町 3-1
　　　　　電話　03(3233)0641（代表）
　　　　　URL　https://www.ohmsha.co.jp/

© 建築大工技能教育研究所 2023

印刷・製本　精文堂印刷
ISBN978-4-274-23137-7　Printed in Japan

本書の感想募集　https://www.ohmsha.co.jp/kansou/
本書をお読みになった感想を上記サイトまでお寄せください。
お寄せいただいた方には、抽選でプレゼントを差し上げます。

好評の建築技術図書

実用図解 大工さしがね術（第4版）

中原靖夫 著　　　　　　　　　　　　　　B5判　並製　192頁　本体2700円【税別】

初心者にも理解しやすい絵解き解説を徹底しています．伝統の尺寸法，「木の身返し」による墨付け法も記載．大工技術者養成用のテキストとして，実績ナンバーワンの実技入門書です．なお，建築大工実技試験（1級平成22年度，2級平成25年度）問題および解説を掲載しています．

【主要目次】 0章　規矩術について　1章　こう配　2章　棒隅屋根　3章　入隅屋根　4章　じょうご形四方ころび　5章　柱建て四方ころび　6章　そり軒　7章　振れ隅　8章　多角形　付録（1級建築大工実技試験問題　2級建築大工実技試験問題　他）

図でわかる 規矩術

富樫新三 著　　　　　　　　　　　　　　B5判　並製　240頁　本体3200円【税別】

本書は，職業訓練指導員として多年の実績をもつ著者が，初級〜中級の大工技術者向けに，規矩術の基本から応用までを図版を多用して説き起こし，1冊で修得できるようまとめたものである．付録として，技能検定受検者向けに「建築大工技能検定［1級/2級］実技試験問題」および幾何算術法による画期的な「解説」を掲載．

【主要目次】 1　規矩術とさしがね　2　勾配について　3　小屋組の構造　4　棒隅屋根部材の墨付け　5　船枻造りの工法　6　起り屋根と反り屋根　7　振れ隅屋根　8　多角形屋根　9　扇垂木の工法　**付録**　建築大工実技試験［1級/2級］問題および解説　他

木造建築の継手と仕口

富樫新三 著　　　　　　　　　　　　　　B5判　上製　160頁　本体3200円【税別】

日本の伝統建築に用いられている「継手・仕口」百四十余例を紹介．用途や加工の要点，工作寸法も掲載．

【主要目次】 **Part 1** 継手（腰掛け蟻継ぎ　腰掛け鎌継ぎ　芒継ぎ　追掛け大栓継ぎ　金輪継ぎ　尻挟み継ぎ　隠し金輪継ぎ　他全51種）　**Part 2** 一般仕口（腰掛け蟻落し仕口　兜蟻落し仕口　端留め蟻掛け仕口　包み蟻掛け仕口　蟻＋ほぞ差し仕口　蟻二枚＋ほぞ差し仕口　他全58種）　**Part 3** 小屋組部材仕口（隅木の桁への落ち掛かり仕口　隅木の棟木への落ち掛かり仕口　谷木の桁への落ち掛かり仕口　隅木と配付け垂木のほぞ差し仕口　隅木と配付け垂木の蟻ほぞ仕口　配付け垂木の長さの取り方　他全31種）　付録（木材の基礎知識　他）

大工寺ひな形　― 本堂・門から五重塔まで ―

富樫新三 編著　　　　　　　　　　　A4変型判　上製　242頁（五重塔詳細図折込み）　本体7000円【税別】

社寺建築の技法は，木割という「工法標準」で結実されており，この工法標準を後世に残す使命がわれわれにはある．本書は，著者が入手した『技術秘伝古文書』を解読し，現代の大工仕事に活用できるよう，丹念に図面を描き起こして集成し，本堂・門から鐘楼・五重塔細部の納まりまで，江戸大工の技を徹底図解した．一般大工職の方々はもとより，宮大工の方々にとって，寺院建築の貴重な設計ひな形図集である．

【主要目次】 1　鐘楼　2　楼門　3　総門　4　水門（平唐門）　5　四足門　6　薬医門　7　五重塔　8　八角堂　9　六角堂　10　三間四面堂　11　寺院本堂　12〜13　寺院本堂設計例

大工宮ひな形　― 一間社から拝殿・鳥居まで ―（増補版）

富樫新三 編著　　　　　　　　　　　　A4変型判　上製　224頁　本体7000円【税別】

社寺建築の技法は，木割という「工法標準」で結実されており，この工法標準を後世に残す使命がわれわれにはある．本書は，著者が入手した『技術秘伝古文書』を解読し，現代の大工仕事に活用できるよう，丹念に図面を描き起こして集成し，鳥居から社殿細部の納まりまで，江戸大工の技を徹底図解した．一般大工職の方々はもとより，宮大工の方々にとって，神社建築の貴重な設計ひな形図集である．

【主要目次】 1　鳥居／四足鳥居　2　一間社向造　3　一間社流造　4　一間社神明造　5　二間社　6　三間社　7　五間社　8　拝殿

◎本体価格の変更、品切れが生じる場合もございますので、ご了承ください。

◎書店に商品がない場合または直接ご注文の場合は下記宛にご連絡ください。

TEL.03 3233 0643 FAX.03 3233 3440　https://www.ohmsha.co.jp/